철학이

오 싶은

철학툰

TOON

5분뚝딱철학 순한맛

철.학.툰

1쇄 발행 2022년 8월 26일
3쇄 발행 2024년 3월 22일

지은이 김필영
그 림 김주성
펴낸이 유해룡
펴낸곳 ㈜스마트북스
출판등록 2010년 3월 5일 | 제2021-000149호
주소 서울시 영등포구 영등포로5길 19, 동아프라임밸리 1007호
편집전화 02)337-7800 | **영업전화** 02)337-7810 | **팩스** 02)337-7811

원고투고 www.smartbooks21.com/about/publication
홈페이지 www.smartbooks21.com

ISBN 979-11-90238-84-7   03100

5분뚝딱철학 순한맛

철학이 오고 싶은 학툰
TOON

김필영 지음 | 김주성 그림

스마트북스

철학이 학오 싶은 툰

우리는 왜 철학을 공부해야 할까요? 어떤 사람들은 철학은 모든 학문의 근본이기 때문에 알아야 한다고 말하고, 어떤 사람들은 철학을 공부해야 스스로 생각하는 힘을 기를 수 있다고 합니다. 그리고 어떤 사람들은 철학을 공부해야 현명한 삶을 살 수 있다고 말하고, 어떤 사람들은 철학을 알아야 삶의 경쟁력을 가지게 된다고 합니다.

다 맞는 말이지만, 제가 보기에 중요한 한 가지 이유가 더 있습니다. 그것은 철학은 재미있다는 겁니다. 물론 세상에 철학 말고 다른 재미있는 것들도 많이 있죠. 하지만 철학이 주는 재미에는 공허함이 없습니다. 뿌듯함과 성취감이 있습니다.

하지만 문제는 철학은 어렵다는 겁니다. 철학의 내용 자체가 어렵기도 하지만 생소한 용어와 난삽한 문장은 철학을 더욱 어렵게 만듭니다. 게다가 또 철학자들은 얼마나 많고, 또 철학자들이 다루는 분야는 어찌나 방대한지…. 그래서 철학은 공부하고 싶은데 진입장벽이 높다 보니 감히 엄두를 내지 못하는 경우가 있지요.

　　그래서 이번에『철.학.툰』을 쓰게 되었습니다.『철.학.툰』은 '철'학은 '학'오 싶은데 서'툰' 이들은 위한 책입니다.『철.학.툰』에서는 유튜브 '5분 뚝딱 철학'에서 다루는 서양철학사를 쉽고 간결하게 요약했습니다. '5분 뚝딱 철학'의 순한 맛이라고 할 수 있죠. 게다가 재미있는 카툰으로 설명을 돕고, 군데군데 병맛 코드가 들어 있어서 재미있고 편안하게 읽을 수 있습니다.

　　그렇다고 해서 내용이 설렁설렁하다고 생각하면 오산입니다. 고대의 탈레스로부터 현대의 데리다에 이르기까지 서양철학사에서 나오는 중요한 철학자들의 이론을 빠짐없이 다루고 있습니다. 그래서『철.학.툰』을 읽고 나면 서양철학사의 전체 맥락을 이해할 수 있습니다.『철.학.툰』으로 철학에 대한 재미를 만끽하시기를 기대하겠습니다. 그럼, 시작하죠.

2022년 8월
김필영 드림

차례

철학 (아)툰투루툰투루툰

학문에 젖고 생각에 젖는 여기는 철학툰입니다.

툰 (아)툰 (아)툰이 들어갑니다.

언제까지? 5분 동안

5분 동안 계속해서 젖고 젖는 철학툰의

철 학 (아)툰투루툰투루툰

아마 젖을 거구요, 아마 젖는 겁니다.

— '5분 뚝딱 철학' 유튜브 구독자 S님 (쇼울리스좌 Ver.)

Part

1

최초의
개척자들

전설의 시작, 세 철학자

기원전 6세기 소아시아 밀레투스에서 최초의 철학이 등장했다. 이들을 '밀레투스 학파'라고 한다. 대표적 철학자가 탈레스, 아낙시만드로스, 아낙시메네스.

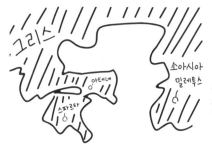

소크라테스 이전에 나타났다고 해서 '소크라테스 이전 철학자들'이라고도 하고, '자연철학자들'이라고도 한다.

원조 창평국밥, 진짜 원조 창평국밥, 진짜진짜원조 창평국밥… 등 세상에 원조논쟁이 많지만,

철학의 원조는 모두들 이 사람으로 인증! 바로 인류에게 최초의 멋진 질문을 던진 탈레스다.

탈레스
(Thales, BC 625?~BC 546?)

탈레스는 철학자로선 드물게 투자로 부자 된 사람이기도 하다. 옵션의 발명자로 경제학 책에도 나온다.

가난했던 철학자 탈레스

역시 철학은 쓸모없어...

뭐야? 철학자도 부자 될 수 있음을 보여주마!

올리브코인 가즈아아아아ㅏㅏㅏ

올리브가 풍작이 될 거라 예상해 올리브 압착기 빌릴 권리(옵션)를 선금을 주고 모두 사버렸다.

(최초의 풀 매수)

올리브는 대풍작이 되고

(이게 되네….)

탈레스는 압축기를 빌려주고 막대한 돈을 벌어 부자가 되었다.

옵션 장사하는 철학자라니, 철학이 막 가깝게 느껴진다.~

근데 최초의 독점사업, 지금 같았으면 철창행

많은 고대 철학자들이 그렇듯, 탈레스는 천문학자이자 수학자이고 과학자였다. 인류 최초로 일식을 예측했다. 기원전 585년 5월 28일, 탈레스가 예측한 것처럼 일식이 실제로 나타났다.

기원전 585년 인류 최초로 일식 예측

리디아 군과 메디나 군은 일식을 보고 놀라 신의 노여움을 샀나 보다 하고 전투를 그만뒀다고 한다.

피라미드 그림자로 피라미드의 높이를 계산했으며, 최초로 직각삼각형을 원에 내접시켰다.

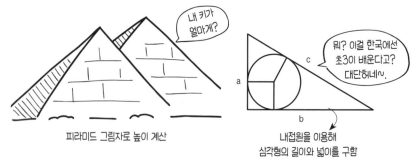

피라미드 그림자로 높이 계산

내접원을 이용해 삼각형의 길이와 넓이를 구함

이런 에피소드도 전해진다. 어느 날, 천문학에 몰두한 탈레스가 깜깜한 하늘의 별만 보고 걷다가 우물에 빠졌다. 뒤따르던 노예가 "하늘의 이치를 탐구한다면서 한치 앞도 못 보는군요"라고 했다는 얘기가 전해진다.

나 탈레스

탈레스는 달력에서 한 달을 30일로, 일년을 365일로 나눈 사람이기도 하다.

고대는 신화(미토스)의 시대였다. 나일강이 범람하는 이유는 나일강의 신 하피가 화가 나서라고 생각했다.

하지만 탈레스는 이성(로고스)으로 논리적 답을 찾으려 했다. 나일강이 범람하는 이유는 북서풍 때문이라 생각했다. 자연현상의 원인을 자연법칙 속에서 찾고자 한 것이다.

틀린 설명.
실제는 에디오피아 고원지대의 계절성 폭우 때문.
어쨌거나 자연현상의 원인은 자연법칙에서 찾으려 했다는 게 중요하다.

아침이 되면 해가 떠오르고, 깜깜한 밤하늘엔 별이 빛나고, 가을이 가면 겨울이 오고…. 고대 사람들에게 세계는 신비롭고 비밀에 가득차 있었을 것이다.

이런 신화의 시대에 탈레스는 대담하게도, 변화무쌍한 자연도 근본적으로는 가장 단순하고 변하지 않는 무언가로 구성되어 있다고 생각했다.

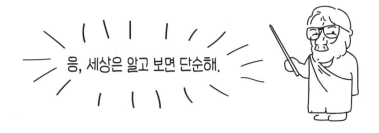

응, 세상은 알고 보면 단순해.

탈레스는 만물의 근원은 '물'이라고 생각했다. 그리고 우리가 사는 이 땅은 넙적하고 물 위에 떠 있다고 생각했다.

나?

땅이 물 위에
둥둥 떠 있음

물

한마디 :

앞을 잘 보자.

별만 보다가 물에 빠진 탈레스.

아낙시만드로스는 탈레스의 제자다. 탈레스보다 나이가 15세나 적었지만 나중엔 친구로 지냈다고 한다.

아낙시만드로스
(Anaximander,
BC 610~BC 546?)

연하임.
헤어스타일에 속지 말 것.

내가 동안인 거야.

탈레스

스승 텔레스와 15세 차이, 친구 먹음

아낙시만드로스는 세계지도를 처음 그린 사람으로 알려져 있다. 지구는 높이와 지름이 1 대 3인 원통형이고, 지구를 중심으로 구름으로 가려진 불의 고리가 있고, 그 사이에 별이 보인다고 생각했다.

아낙시만드로스의
우주와 세계지도

어, 세계지도가
왜 이렇지?
유럽, 아시아, 리비아밖에 없네.

아낙시만드로스는 '만물의 근원은 물'이라는 스승 탈레스의 주장에 반박했다.

만물의 근원이 물이라면, 뜨겁고 건조한 성질의 불이
어떻게 존재해요? 탈레스 님이 틀렸어요!

만물의 근원은 어떤 성질을
가져선 안 돼요.

아낙시만드로스는 만물의 근원은 아페이론이라고 생각했다. 아페이론은 '무 엇이라고 규정되지 않는 것, 단정할 수 없는 것, 관찰되지 않는 것'을 말한다.

탈레스는 평평한 지구가 물 위에 떠 있다고 생각했지만, 아낙시만드로스는 우리가 사는 지구가 허공에 떠 있다고 생각했다.

우리는 지금 지구가 우주의 허공에 떠 있다는 걸 안다. 하지만 2500여 년 전에 지구가 허공에 떠 있다고 생각하다니, 당시로서는 대담한 가설이었다.

20세기 최고 과학철학자
칼 포퍼(1902~1994)

아낙시메네스는 아낙시만드로스의 제자이다. 아낙시메네스는 '만물의 근원은 공기'라고 했는데, 이때 공기는 우리가 아는 그 공기가 아니다.

이때 공기는 우주에 생명을 불어넣는 어두운 안개, 구체적 물질과 추상적 개념 사이의 그 어떤 것

공기

아낙시메네스(Anaximenes, BC 585?~BC 528?)

아낙시메네스는 공기가 희박해져서 따뜻해지면 연기·불이 되고, 공기가 응축되어 차가워지면 구름·물·흙이 된다고 생각했다. 만물의 생성과정에 주목한 것이다.

희박
따뜻함

응축
차가움

만물의 생성원리를 가르쳐 주마!

불　연기　　공기　　구름　물　흙

공기가 희박해지거나 응축됨에 따라 불·연기·구름·물·흙으로 변한다고 생각하다니, 양적 변화가 질적 변화를 일으킨다는 생각이 흥미롭다.

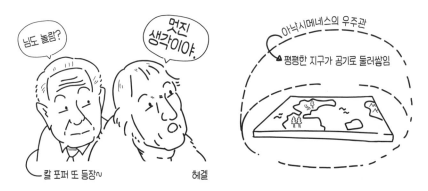

님도 놀람?

멋진 생각이야!

아낙시메네스의 우주관

평평한 지구가 공기로 둘러쌓임

칼 포퍼 또 등장~

헤겔

∿ 원조 자연철학자들 모여라 ∿

사회자

탈레스, 아낙시만드로스, 아낙시메네스 세 분은 모두 소아시아 밀레투스 출신이고, 스승과 제자 사이라고 들었습니다.

우리를 '밀레투스 학파'라고 하죠. 사실 난 아낙시메네스는 여기서 처음 봐요. 내 제자의 제자니까요. 내가 죽은 다음 태어났죠.

탈레스

사회자

탈레스 님을 '철학의 원조', '철학의 아버지'라고들 해요.

기분 좋은데요. 그런데 왜 나를 그렇게 평가하죠?

탈레스

사회자

탈레스 님이 모든 자연현상을 또 다른 자연현상으로 설명하려고 했기 때문이죠.

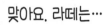 

라~떼는 사람들이 자연현상을 신화로 이해했어요. 나일강이 범람하는 이유는 나일강의 신이 화가 났기 때문이라고 믿었죠. 나는 그런 신화를 믿지 않았어요.

탈레스

사회자

그런데… '만물의 근원은 물'이란 주장은 좀 허접해 보인다는 사람들도 있어요.

물론 현대인의 관점에선 조잡해 보일 수 있죠. 하지만 내가 살았던 시기는 기원전 5세기라는 점을 감안해 줘야죠.

탈레스

사회자

하하하. 네, 알겠습니다.

중요한 것은 대답이 아니라 질문이에요.

'만물의 근원이 무엇인지'를 물었다는 것이 놀라운 겁니다.

아낙시만드로스

오~, 제자야, 고마워… 나는 아무리 복잡하고 변화무쌍한 자연도 근본적으로는 가장 단순하고 변하지 않는 무언가로 구성되어 있다고 생각했어요. 그래서 '만물의 근원은 무엇인가' 라는 질문을 던진 거죠.

탈레스

사회자

그런 질문이 왜 중요하죠?

아주 근본적인 질문이니까요. 21세기 물리학자들도 만물의 근원을 알기 위해서 씨름한다면서요. 만물의 근원을 찾기 위해 입자가속기로 물질을 쪼개는 데 수십조 원을 쓰고 있다더군요.

아낙시만드로스

사회자

아, 2500여 년 전에 탈레스 님이 던진 질문에 대한 대답을 우리가 아직까지 찾고 있군요. 아낙시만드로스 님, 현대엔 아낙시만드로스 님은 '최초의 과학자'라고 합니다.

탈레스 스승님을 '최초의 과학자'라고 하는 사람들도 있다던데요.

아낙시만드로스

내가 옆에 있다고 눈치볼 것 없어….

20세기 유명한 과학철학자 칼 포퍼도 아낙시만드로스를 최초의 과학자라고 했다던데.

탈레스

저더러 '만물의 근원은 어떤 성질을 가져서는 안 된다', '지구는 허공에 떠 있을 수 있다' 등 논리적 추론을 통해 대담한 가설을 내놓았다면서, 최초의 과학자라고 하는 모양입니다. 이런 방식이 현대의 과학적 방법론과 같다네요.

아낙시만드로스

사회자

아낙시메네스 님은 한 말씀도 안 하셨는데요….

아낙시메네스

난 그리 중요한 철학자는 아니에요.
'만물은 공기다'라고 한 사람 정도로 기억되죠.

사회자

아니에요, 그렇지 않아요! 아낙시메네스 님은 '생성의 철학자'라고 합니다.

아마 탈레스 님과 아낙시만드로스 님은 만물의 구성요소에 주목했다면, 나는 그뿐 아니라 공기가 바뀌어 물, 불과 같은 것이 생긴다는 '생성의 문제'에 주목했기 때문일 겁니다.

아낙시메네스

사회자

세 분을 '자연철학자'라고 하는데요. 밀레투스에서 자연철학자들이 나온 이유가 뭘까요?

솔직히 말해도 될까요?

사회자

당연히 솔직히 말해야죠.

힘든 일은 노예들이 다 해주니까, 우린 그냥 철학이나 한 거죠. 하하하. 밀레투스는 여러 인종이 뒤섞여 살았던 무역도시였어요. 한 인종의 사상에 얽매이지 않는 합리적인 사유방식을 자연스럽게 받아들일 수 있었던 것 같습니다.

아낙시만드로스

사회자

오~, 그렇군요. 탈레스 님, 오신 김에 철학자로서 인생을 잘사는 삶의 지혜 한 말씀 해주세요.

빚 보증은 절대로 서지 마십시오.

탈레스

실제 탈레스의 「잠언」 중 첫 번째 문장

괴짜 철학자의 계보

피타고라스는 기원전 6세기 소아시아의 사모스 섬 출신이다. 그는 야누스의 얼굴을 가졌다. 한 얼굴은 수학자이자 철학자이고, 다른 얼굴은 마치 사이비 종교의 교주 같았다.

두 얼굴의 사나이

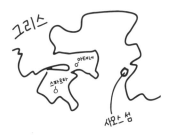

수학자, 철학자   사이비 교주?

아버지는 지중해 무역상, 또는 보석세공사란 설이 있는데, 여튼 부유한 집 출신으로 당시 최고의 교육을 받았다. 리라, 그림, 운동, 예체능은 물론이고, 무려 탈레스와 아낙시만드로스에게 철학과 수학을 배웠다.

♪♪~ 라~리라라~리라

리라

피타고라스(Pythagoras, BC 570~BC 495)

음악 시간 아직 안 끝났냐?

탈레스

이집트에 유학해 20여 년간 신전에서 기하학과 천문학을 배우고, 이후 페르시아에 끌려가 12년간 바빌로니아의 점성술사와 서기로부터 배웠다.

내 신비주의엔 이유가 있어.

피타고라스는 60세 무렵 사모스 섬으로 돌아왔지만, 당시 사모스 섬의 참주 정치가 싫어 이탈리아 크로톤으로 가서 피타고라스 학파를 세웠다.

피타고라스 학파는 사이비 종교집단과 비슷한 면이 있었다. 피타고라스의 아버지가 아폴론이다, 한쪽 허벅지가 황금이다, 그가 동시에 다른 장소에 나타났다, 강이 그에게 인사를 했다는 등…. 그리고 이상한 계율들도 있었다.

피타고라스는 철학자(philosopher)라는 말을 처음 한 사람이기도 하다. 플리우스의 참주 레온이 물었다. "그대는 누구인가?" 그러자 피타고라스가 대답했다. "지혜를 사랑하는 사람(philosopher, 철학자)이다."

피타고라스가 길을 가는데 대장간에서 망치 두드리는 소리가 났다. 어떤 날은 듣기 좋은 망치소리가 들렸지만, 어떤 날에는 안 좋은 소리가 났다.

리라의 현을 가지고 실험해 보니 두 줄의 진동수 비율이 1 대 2, 2 대 3, 3 대 4처럼 간단한 정수비가 될 때 조화롭고 듣기 좋은 소리가 났다.

어릴 때의 음악교육이 이렇게 중요하다, 응?

'조화로운 소리에는 수적 관계가 있구나.' 피타고라스는 한발 더 나아가 '천체의 운동에도 수적 조화가 있겠구나'라고 생각하게 되었다.

우주가 조화로운 것은 수적 관계가 있기 때문이다.

밀레투스 철학자들은 만물의 구성요소에 주목했다. 하지만 피타고라스는 만물의 구성원리에 주목하고, 그 구성원리가 '수'라고 생각했다.

그런데 피타고라스에게 문제가 생겼다. 끝이 없는 수인 무리수가 발견된 것이다.

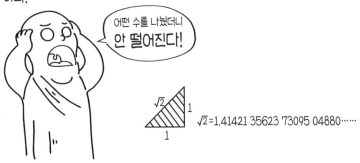

$\sqrt{2} = 1.41421\ 35623\ 73095\ 04880\cdots\cdots$

우주가 조화로운 것은 수적 관계 때문이라 했는데, 이해할 수 없는 무리수(무한)가 나타나다니…. 피타고라스는 무리수의 발견을 비밀에 부치라고 했다.

그런데 세상에 비밀이 있나? 히파수스라는 제자가 무리수 루트 2를 발견했다고 동네방네 떠들고 다녔다.

피타고라스의 제자들은 히파수스를 바다에 빠뜨려 죽였다. 이것이 수학계에서 유명한 '루트 2 살인사건'이다.

한마디 :

입조심을 하자.(죽는 수가 있다.)

엠페도클레스는 이탈리아 시칠리아 섬의 부유한 집안 출신으로, 한때 피타고라스의 제자였으나 시를 썼다가 쫓겨났다고 한다.

엠페도클레스도 괴짜 철학자였다. 20세기 대표지성 러셀은 엠페도클레스를 "철학자이자 과학자, 사이비 교주이자 돌팔이 의사"라고 한 바 있다.

호흡과 맥박이 멈춘 판테이아라는 여성을 30일 동안 살아 있게 만들었다는 전설 같은 얘기가 전해진다. 하지만 완전 돌팔이로만 오해하면 안 된다. 도시의 전염병을 막아 사람들이 거의 신처럼 떠받들었다.

사이비 교주 같은 모습도 보인다. 계절풍으로 농사 피해가 커지자 제사를 지내 바람을 막았다는 믿지 못할 얘기도 전해진다.

어깨
태산같은
마법까지 부린다고~
장수풍뎅이의 조상

자기 죽음을 신비화하고 자신을 따르던 사람들에게 신으로 남고 싶다며, 에트나 화산의 분화구에 몸을 던져 자살했다는 설도 있다.

겨울에 할 걸.
윽, 분화구ㅠㅠ

하지만 공기의 존재를 증명하고, 원심력을 발견했으며, 식물에도 암수가 있고, 달빛이 해의 반사라는 것을 알아내는 등 과학자이기도 했다.

공기있음
나 철학자, 과학자임.
사기꾼(X)
○○의 모든것

엠페도클레스는 만물의 근원은 물·불·흙·공기의 4원소이고, 이 4원소들이 사랑, 미움의 힘으로 결합되거나 분리되면서 만물이 생기고 소멸된다고 보았다.

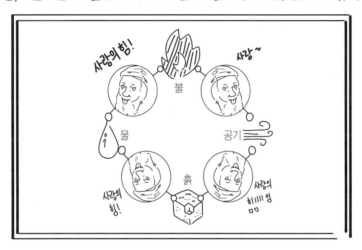

또한 4원소가 어떻게 결합되는가에 따라 다양한 물질들이 나온다고 믿었다.

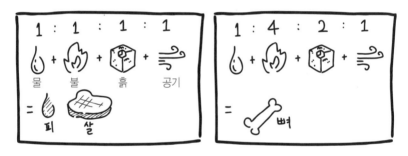

4원소설은 17세기 영국 화학자 로버트 보일이 뒤집기까지 거의 2000년 가까이 정설로 자리잡았다.

영국 화학자 로버트 보일
(Robert Boyle, 1627~1691)

엠페도클레스는 이처럼 물질이 어떤 근본적인 힘에 의해 결합되고 흩어지면서 생성되고 소멸된다고 믿었는데, 이는 현대 물리학과 맞닿아 있다.

한마디 :

남의 시선을 너무 의식하며 살지 말자.

신으로 떠받들어졌기에 죽은 철학자.

데모크리토스는 항상 큰소리로 웃었다고 하여 별명이 '웃는 철학자'다. 서양 명화에도 웃는 모습으로 자주 등장한다.

데모크리토스(Democritus, BC 460?~BC 370?)

군함 100척에 버금가는 어마어마한 유산을 물려받았는데, 그 많은 유산을 남기면 뭐하겠느냐며 여행을 많이 다녔다고 한다. 웃고 살 만하다.

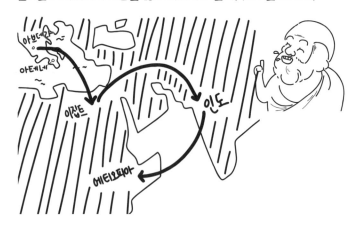

데모크리토스는 '만물의 근원은 원자'라고 했다. 물질을 계속 나누다 보면 더 이상 나눌 수 없는 어떤 것이 나올 것이라며 그것을 '원자'라고 한 것이다.

데모크리토스는 원자들이 빈 공간에서 모이고 흩어지면서 물질들을 만드는데,

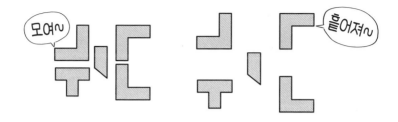

원자들의 운동에는 어떤 기이한 힘이 작용하는 게 아니고, 신의 의도나 목적도 없다고 생각했다. 원자는 그냥 기계적 법칙에 의해 필연적으로 운동을 할 뿐이다.

놀랍게도 데모크리토스의 원자론은 19세기에 영국의 화학자 존 돌턴이 제시한 원자 모형과 별반 차이가 없다.

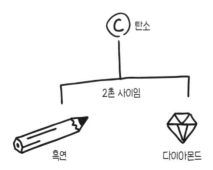

데모크리토스는 인간의 영혼이나 정신도 원자로 구성되어 있고 물질일 뿐이라고 생각했다. 그래서 '유물론의 창시자'라 불린다.

죽으면 육신이 흩어져 버리듯, 인간의 영혼도 흩어져 없어져 버린다고 보았다.

데모크리토스 왈, 그러니 저 세상 따위는 없다. 이 세상에서나 즐겁게 살자!

~ 자연철학자 2기생들 모여라 ~

사회자
피타고라스 님, 당시 피타고라스 학파가 매우 인기가 있었다고 들었습니다.

이탈리아 전역에서 사람들이 몰려와 한꺼번에 수백 명이 강의를 듣기도 했지요.

피타
고라스

사회자
피타고라스 님은 '만물의 원리는 수'라고 했는데, 이전 철학자들과 다른 점이 있나요?

수학왕~

이전 철학자들은 만물의 구성요소가 무엇인지에 주목했지만, 나는 만물을 구성하는 원리가 무엇인지에 주목했죠. 그에 대한 내 결론은 만물은 서로 수적 관계를 이루면서 조화를 이루고 있다는 것입니다.

피타
고라스

사회자
굉장히 놀라운데요. 피타고라스 님의 생각은 후대에 많은 영향을 미쳤습니다. 물리학에서는 힘, 속도, 무게, 시간, 공간을 하나의 물리량으로 간주하고 수로 나타냅니다. 아인슈타인의 상대성이론에서는 시간지연도 수로 나타내죠. 현대의 양자역학에서는 심지어 존재 자체도 수로 나타내기도 하고요.

내가 진즉에 그렇게 말했죠.
만물의 원리는 수라고 말입니다.

사회자
그런데 무리수를 발견한 히파수스를 피타고라스 님의 제자들이 물에 빠뜨려 죽였다고 하던데…, 그건 사실입니까?

아니, 그걸 어떻게…

피타
고라스

사회자

시간이 지나면 다 드러나는 법입니다.

그건 내 잘못이 아니에요. 내가 무리수를 발견한 것을 발설하지 말랬는데, 히파수스 그놈이 여기저기 떠들고 다녀서 그냥 혼만 좀 내주라고 했더니만….

피타
고라스

공소시효 다 지난 이야기를 뭐하러 합니까? 그만 이야기합시다.

엠페도
클레스

사회자

아…, 엠페도클레스 님은 만물은 4가지 원소로 구성되어 있다고 했죠?

만물은 물, 불, 흙, 공기, 이렇게 4원소로 되어 있어요.

엠페도
클레스

사회자

당시에 4원소설은 상당히 많은 사람들이 받아들였다던데요.

의학의 아버지라는 히포크라테스는 4원소설을 받아들여 4체액설을 주장했고, 아리스토텔레스는 4원소에 제5원소인 에테르를 포함하여 5원소설을 주장했죠.

엠페도
클레스

뜬금없이 호출된
히포크라테스

왜 절 불렀죠?

사회자

4원소설은 거의 2천 년 동안 정설로 받아들여졌는데요. 그럴 수 있었던 이유는 무엇일까요?

인간은 선/악, 밝음/어둠, 남자/여자와 같이 2개의 요소가 대립하는 식으로 생각합니다. 이것을 '이항대립'이라고 하는데요. 이러한 이항대립을 두 번 하면 사항대립이 되죠. 그래서 4원소설이 그럴 듯해 보였나 봅니다.

엠페도
클레스

사회자

엠페도클레스 님의 죽음과 관련하여 여러 설이 전해지고 있습니다.
펠로폰네소스에서 자연사했다, 발을 헛디뎌 바다에 빠져 죽었다, 에트나 화산에 몸을 던져 죽었다, 어느 날 연회가 끝나고 찾아보니 사라져버렸다 등등 신비한 얘기가 많습니다.

미스터리는 그냥 미스터리로 남겨두죠.
나를 따르던 사람들에게 신으로 기억되고 싶습니다.

사회자

데모크리토스 님, 오래 기다리셨습니다. 데모크리토스 님은 중학 때부터 교과서에서 뵈었는데요. 원자론을 배울 때요.

하하하, 그렇습니까?

사회자

만물이 원자로 이루어져 있다면, 원자의 운동은 어떻게 일어나는 건가요?

원자들의 운동에는 신의 의도나 목적이 없어요. 어떤 이상한 힘도 작용하지 않습니다. 그냥 기계적인 충돌에 의해서 필연적으로 운동을 하는 겁니다.

데모크
리토스

사회자
그래서 데모크리토스 님을 '유물론의 창시자'라고 하는군요.

하하하. 모든 것은 원자로 이루어져 있죠. 영혼도 물질처럼 원자로 이루어져 있고요. 저 세상 같은 건 없습니다. 그래서 나를 최초의 유물론자라고 하는 모양입니다. 하하하.

데모크
리토스

영혼 실려

사회자
영혼이나 정신도 원자로 이루어져 있다니…. 받아들이기 어렵네요.

하하하. 그런가요? 내가 좀 독창적이죠.

데모크
리토스

사회자
2500여 년 전에 벌써 영혼이 없다고 주장했다니 상당히 파격적이네요.

하하하

내가 역마살이 좀 있어서 이집트로 떠나야 해서, 이만….
오늘 하루도 즐겁게 삽시다. 하하하.

데모크
리토스

Part

2

변화를 둘러싼 배틀

당연하면서 뻔한 철학

철학계에도 라이벌이 있다. 철학계 최초의 라이벌로 꼽히는 헤라클레이토스
와 파르메니데스.

파르메니데스
(Parmenides, BC 515?~BC 445?)

헤라클레이토스
(Heraclitus, BC 540?~BC 480)

둘은 매우 달랐다. 헤라클레이토스는 무역도시국가 에페소스 출생이고, 파
르메니데스는 변방의 도시국가 엘레아에서 태어났는데,

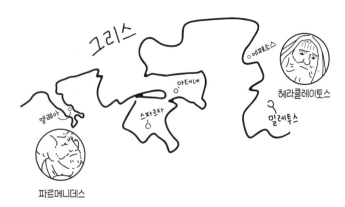

파르메니데스

헤라클레이토스는 "세상이 변한다"고 주장했고, 파르메니데스는 "세상의
변화는 불가능하다"고 주장했다.

헤라클레이토스는 '운동과 변화의 철학자'로 불린다. 에페소스의 구 왕족 출신인데, 워낙 아싸라 장남자리를 동생에게 물려주고 신전 부근에서 은둔 생활을 했다.

어릴 때부터 천재였다는데, 괴팍하고 오만했으며 엄청난 독설가에 기이한 행동을 일삼았다고 한다.

라파엘로의 그림 「아테네 학당」의 헤라클레이토스

헤라클레이토스는 글이 너무 어렵고 수수께끼 같은데다 성격도 괴팍하여 '어두운 철학자', '우는 철학자'로 불렸다. 『자연에 관하여』라는 책을 썼다고 전해지는데, 현재 남아 있지 않다.

데모크리토스   헤라클레이토스

헤라클레이토스가 남긴 유명한 말, "우리는 같은 강물에 두 번 발을 담글 수 없다." 어제 내가 발을 담근 강물과 오늘 내가 발을 담그고 있는 강물은 다르다.

헤라클레이토스는 이것을 한마디로 표현했다. 판타레이(Panta Rhei), 즉 만물은 흐른다. 세상은 끊임없이 운동하고 변화한다.

그런데 운동과 변화는 어떻게 가능할까? 헤라클레이토스에 따르면, 대립과 투쟁이 있기에 세상은 끊임없이 운동하고 변화하는 것이다.

싸움은 만물의 아버지요, 만물의 왕이다.

헤라클레이토스는 대립과 투쟁을 불의 이미지를 빌려와 표현했다. 만물을 움직이는 원리는 '불'이다.

고대 그리스 철학
프로 참석러

만물의 원리는 불이다.

오르막이 있어야 내리막이 있다. 이들은 서로 대립하는 것처럼 보이지만, 실제로는 조화를 이루며 대립되는 것이 하나로 통일된다.

오르막과 내리막은 같은 것이다.

세계는 대립과 투쟁을 통해 끊임없이 변한다. 하지만 그 밑바탕에는 변하지 않는 법칙이 있다. 그것이 바로 로고스(Logos)다. 우주의 근원은 운동과 변화의 원리인 바로 이 로고스다.

3초 세면 놓는 거다.

안 속는다. 너가 먼저 놔라.

로고스는 진리, 이성, 신, 말씀, 논리, 실재, 대화 등의 의미를 가진다. 동양에선 웬만하면 '도(道)'라고 하면 다 통하듯, 서양에선 웬만하면 로고스라고 하면 다 통한다.

헤라클레이토스의 철학은 플라톤, 아리스토텔레스뿐만 아니라 중세 스토아학파, 니체, 하이데거, 베르그송, 들뢰즈에 이르기까지 현대 철학자들에게도 엄청난 영향을 미쳤다.

이게 나야.

어쩌면 애매하고 수수께끼 같은 말을 많이 남겼기에, 후대 철학자들이 다양한 의미로 해석해 영향을 더 많이 준 것 아닐까?

한마디 :

애매하게 말하라.

이렇게 저렇게 알아서들
해석할 것이다?

황당하지만 신박한 철학

철학공부를 하다 보면 뻔하고 당연해 보이는 주장도 있다.

그런데 엉뚱하고 황당해 보이지만, 놀랍도록 창의적인 주장을 한 철학자도 있다. 그중 하나가 바로 파르메니데스이다.

파르메니데스
(Parmenides, BC 515?~BC 445?)

고대 그리스 철학자들은 자연과 우주를 관찰하고 그 속에서 만물을 구성하는 근본물질, 만물을 지배하는 우주의 근원인 아르케(Arche)를 찾으려 했다. 이를테면 물, 공기, 원자, 4원소 같은 것 말이다.

그런데 파르메니데스는 자연을 관찰할 필요가 없고, 그냥 생각만으로 만물의 근원을 밝힐 수 있다고 생각했다. 이성을 통해 세계를 꿰뚫어볼 수 있다고 생각한 것이다.

파르메니데스는 세계가 영원히 변하지 않는 하나의 덩어리라고 생각했다.

따라서 운동도 변화도 불가능하다. 파르메니데스는 이렇게 말했다.

그런데 얼음이 녹으면 물이 되는데? 늦가을이면 낙엽이 지는데? 이것은 변화 아닌가? 파르메니데스는 이것은 우리의 착각이며 허상이라고 한다.

커피잔을 옮겨보자. 파르메니데스는 단일체인 이 세계에선 운동이 불가능하므로, 커피잔이 이동한 것처럼 보이는 것도 허상일 뿐이라고 한다.

파르메니데스와 서양철학 전체를 관통하는 핵심 아이디어는 이것이다.

황당함을 이어받은 제자들

고대 그리스 사모스 섬의 멜리서스는 파르메니데스의 제자다. 멜리서스는 스승 파르메니데스의 '만물은 변하지 않는다'는 주장을 증명하려 했다. 이른바 '멜리서스의 논증'이다.

사모스의 멜리서스
(Melissus, BC 480?~BC 400?)

파르메니데스

1. 멜리서스에 따르면, 변화란 동일성을 전제로 한다. 즉, 변화란 변화 이전과 이후가 동일한 것이어야 한다.

10세
마이클 잭슨

미국 농구 황제
마이클 조던

2. 그런데 변화는 이전의 사물과 이후의 사물을 다른 것으로 만들어 버린다. 아이 마이클 잭슨과 어른 마이클 잭슨은 속성이 다르므로 동일하다고 할 수 없다.

10세
마이클 잭슨

3. 멜리서스는 따라서 변화는 불가능하다고 주장한다.

엘레아의 제논도 파르메니데스의 제자다. 제논은 '운동이 불가능하다'는 스승의 주장을 증명하기 위해 4개의 역설을 내세웠다. 이른바 제논의 역설.

그리스 영웅 아킬레우스와 거북이 달리기를 한다고 하자. 아킬레우스는 거북보다 10배 빠르기에, 거북이 100미터 앞에서 출발했다.

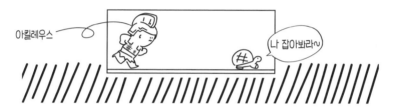

그런데 아킬레우스가 100미터까지 가면, 거북은 이미 10미터 앞에 가 있고,

다시 아킬레우스가 1미터를 더 가면 거북은 0.1미터 더 앞에 가 있고…. 이런 식으로 언제나 거북이 더 앞에 가 있으니 따라잡을 수 없다. 제논은 이렇게 논증을 하고 '운동은 불가능하다'고 결론을 내린다.

테세우스의 배

아테네인들이 영웅 테세우스의 낡은 배를 보존하고 싶어 수리했다. 낡은 널빤지를 하루에 하나씩 새 것으로 교체해 1,000일이 지나자 수리가 완료됐다. 이때 오리지널 배와 A배는 동일할까?

오리지널 배와 A배는 동일하다.
마치 우리 몸의 세포가 매일 수십만 개가 죽고
새로운 세포가 생겨 교체돼도 나는 동일한 사람인 것처럼.

이번에는 테세우스 배의 널빤지를 하나씩 빼서 모아 1,000일째에 다시 조립해서 복원했다. 이때 오리지널 배와 B배는 동일할까?

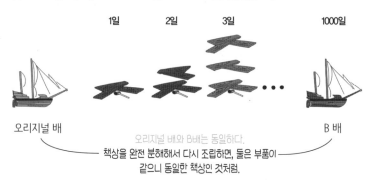

오리지널 배와 B배는 동일하다.
책상을 완전 분해해서 다시 조립하면, 둘은 부품이
같으니 동일한 책상인 것처럼.

그렇다면 A배와 B배와 동일한가?

아니다. 동일성은 같으면서 하나(one and the same)이다. 근데 A배와 B배는 둘이니 이 문제를 어떻게 해결할까? 이를 '테세우스의 배' 문제라 한다.

∿ 세계는 변화하는가? ∿

사회자

'세계는 변화하는가?'에 대해 얘기해 보죠.
헤라클레이토스 님은 세계가 변화와 운동을 한다고 하셨죠?

당연한 거 아닌가요?

봄이 가면 여름이 오고, 늦가을이 되면 낙엽이 지죠. 세계는 변해요. 이걸 굳이 설명해야 하는 것이 이상할 지경입니다.

헤라클레
이토스

사회자

후대에 플라톤이라는 철학자는 헤라클레이토스 님의 철학을 한마디로 '판타레이'라고 정리했습니다.

플라톤이 정리 잘했네요. 판타레이, 즉 만물은 끊임없이 흐릅니다. 그래서 우리는 흐르는 강물에 발을 두 번 담글 수 없는 것이고요.

헤라클레
이토스

그건
착각이에요.

감각의 눈으로만 세상을 보니까 세상이 변하는 것처럼 보이는 거죠. 정신의 눈으로 꿰뚫어 봐야 진짜 세계가 제대로 보입니다.

파르메
니데스

아니, 세상을 눈으로 보지 뭘로 봅니까?

정신에 무슨 눈이 달렸나요?

헤라클레이토스

사회자

자, 헤라클레이토스 님 진정하시고요.

헤라클레이토스 님,

내가 세상이 변하지 않는다는 것을 설명해 볼게요.

제논

제논

화살이 과녁을 향해서 날아간다고 생각해 보세요. 화살이 과녁에 도달하려면 그 중간지점을 통과해야 하겠죠?

물론 그렇겠죠.

헤라클레
이토스

화살이 과녁까지 가려면 또 그 중간지점을 통과해야 하겠죠?

제논

당연히 그렇죠.

헤라클레
이토스

그러면 화살은 또 그 중간지점을 통과해야 하고…. 이런 식으로 화살은 무한한 지점을 통과해야 해요. 그런데 화살이 유한한 시간 안에 무한한 지점을 통과할 수 있나요? 그건 불가능해요. 그러니까 화살은 과녁에 도달할 수 없어요.

제논

그러니까 제논 님 말은 화살은 날아가는 게 아니라는 겁니까?

헤라클레이토스

네, 말하자면 그런 셈이죠.

제논

어이가 없네.
(혼잣말로)

헤라클레이토스

내가 다시 설명해 볼게요.

멜리서스

변화라는 것은 하나의 동일한 사물에서 일어나는 거죠?

멜리서스

그렇습니다.

헤라클레이토스

그런데 변화는 하나의 사물이 다른 사물로 되는 것을 말하는 거죠?

멜리서스

당연하죠.

헤라클레이토스

그런데 하나의 사물이 다른 사물로 된다면, 그것은 속성 등이 다르므로 하나의 동일한 사물이라고 할 수 없죠. 이를테면 아이 마이클 잭슨과 어른 마이클 잭슨이 동일하다고 할 수 없죠. 속성이 다르니까요. 따라서 변화는 불가능한 것입니다.

멜리서스

(파르메네데스를 보며 흥분해서)
도대체 당신은 제자들한테
무슨 짓을 한 겁니까?

헤라클레이토스

...

파르메니데스

사회자

헤라클레이토스 님, 진정하시고요.

도대체 무슨 말을 하는 건지 알 수가 없네요. 말장난만 하지 말고 생각해 보세요. 세상이 변하는 것이 보이지 않나요? 강물이 흘러가는 것이 보이지 않나요?

헤라클레
이토스

(약간 흥분해서) 말장난이라고요?

강물이 흘러가는 것처럼 보이는 것은, 헤라클레이토스 님이 감각의 눈으로 세계를 보기 때문입니다.

파르메
니데스

사회자

자자, 모두들 진정하시고요. 아무래도 여기에서 결론을 낼 수 없을 것 같습니다. 아직까지 논란이 되고 있죠.

헐…, 이 문제가 2500여 년 동안 계속 논란이 되었다고요?

파르메   헤라클레   멜리서스   제논
니데스   이토스

사회자

네. 그렇습니다. 앞으로 수백년 동안도 계속될 것 같습니다. 그러니 오늘 인터뷰는 여기에서 마치겠습니다.

3
Part

진리를 찾는
철학

모른다는 것도 철학이다

고대 아테네에서는 논쟁에서 말을 잘해야 정치적으로 출세할 수 있었고, 소송을 당하면 변호사가 없었기에 사람들 앞에서 스스로를 변호해야 했다. 소피스트들은 시민들에게 수사학, 변론술, 웅변술 등을 가르쳤다.

흠칫흠칫
흠칫뿜!

프로타고라스는 소크라테스와 같은 시대를 살았는데 엄청 부자였다. 잘나가는 소피스트로서 수업료가 어마어마하게 비쌌다. 군함 한 척이 1달란트이던 시대에 한 학기 강의료가 무려 1달란트였다고 한다.

나 소피스트들의 대부

일타강사

프로타고라스(Protagoras, BC 481~BC 411)

소크라테스는 영원히 변하지 않는 절대적 진리, 절대적 도덕이 있다고 믿었다. 하지만 소피스트들은 세상에 절대적 진리나 도덕은 없으며, 모든 진리와 도덕은 상대적일 뿐이라고 주장했다.

진리는 절대적이야.

소크라테스

진리도 도덕도 상대적!

도둑질도 상황에 따라 선이 될 수도 있고, 악이 될 수도 있다.

프로타고라스

프로타고라스는 이처럼 절대적 진리나 도덕이 없다면, 인간이야말로 우주 만물을 평가하고 측정하는 척도라고 선언한다.

소크라테스의 제자인 플라톤은 프로타고라스를 천박한 지식 장사꾼으로 깎아내렸고 궤변론자라 불렀다.

소피스트의 원래 뜻은 현자, '알고 있는 사람'.

하지만 프로타고라스는 인간을 중심에 둔 인간 철학의 시작점에 서 있다고 할 수 있다.

고르기아스는 시칠리아의 그리스 식민지 레온티노이 출생의 소피스트로, 아테네에서 수사학 강의로 큰 인기를 끌었다.

고르기아스는 진리의 존재 자체를 의심했다. 『비존재에 관하여』에서 다음과 같이 명제 3가지를 내놓았다.

1. 세상에 진리
   따윈 없다.

2. 설령 진리가 있더라도,
   우리는 그것을 알 수 없다.

3. 설령 진리를 안다고 해도,
   말로 제대로 전할 수 없다.
   (언어와 생각이 일치하지 않으므로)

프로타고라스, 고르기아스, 피론은 철학적 회의주의자들이다. 프로타고라스는 '절대적 진리나 도덕을 알 수 없다'는 입장이고, 고르기아스는 '진리란 없다'는 입장으로 서로 다르다.

소크라테스

프로타고라스

고르기아스 (회의주의자)

피론은 기원전 3세기 그리스 엘리스 출신으로, 원래 가난한 화가였는데 후에
철학자가 되었고 대신관까지 지냈으며 90세에 죽었다.

피론도 진리는 상대적이기 때문에 우리는 진리를 알 수 없다고 주장했지만,
그것을 받아들이는 태도가 좀더 적극적이다.

소크라테스는 피론을 '진리엔 관심이 없고 오직 대중을 현혹하는 자'라고 비
난했다.

어느 날 피론이 배를 탔는데, 폭풍이 크게 치자 사람들이 겁에 질려 우왕좌왕 난리였다. 피론은 돼지들이 배 한쪽에서 담담하게 먹이를 먹고 있는 것을 가리키며 말했다. "현자란 이처럼 평정심 가운데 자신을 유지해야 한다."

기원전 2, 3세기에 활동한 섹스투스 엠피리쿠스는 판단을 중지하고 어떤 것이 진리라고 주장하지 않으면, 아타락시아(마음의 평화)를 얻는다고 했다.

인간은 불안한 존재다. 그러다 보니 어떤 사상이나 이론을 맹목적으로 믿으려 한다. 피론주의자들은 이러한 독단론자들을 "철학병에 걸린 환자들"이라고 했다.

∿ 우릴 삼인방으로 묶지 마요 ∿

사회자

회의주의 삼인방 프로타고라스, 고르기아스, 피론 님을 모셔보겠습니다. 먼저 회의주의가 뭐죠?

소크라테스와 플라톤은 절대적 진리가 있고, 자기들이 진리를 말한다고 했죠. 그것은 독단론입니다. 회의주의는 이러한 입장에 반대합니다. 절대적 진리란 없습니다.

프로타
고라스

사회자

그렇군요. 그러면. 회의주의란 진리는 상대적이라는 입장인가요?

네, 그렇습니다. 인간은 만물의 척도입니다. 인간은 각자 자신만의 진리를 가지고 있죠. 즉, 진리는 상대적입니다.

프로타
고라스

진리는 없을 뿐만 아니라, 설혹 진리가 있다고 해도 우리는 그것을 알 수 없고, 진리를 알 수 있다고 해도 우리는 그것을 말로 다른 이에게 전달할 수 없어요.

고르기
아스

사회자

모든 진리가 상대적이라는 말은 결국 절대적 진리가 없다는 말과 같은 거니까, 두 분의 주장이 비슷한 것 같아요.

그래서 우리를 '회의주의자'라고 하죠. 하지만 내가 좀 더 과격해요. 나는 삼중으로 방어막을 쳤잖아요. 하하하.

고르기
아스

이의 있습니다! 프로타고라스 님이나 고르기아스 님은 진짜 회의주의자가 아니에요. 두 분은 '진리는 없다'는 자신들의 주장이 '진리'라고 하잖아요. 이것도 독단론이에요!

피론

그러면 '진리는 없다'고 주장하면 안 된다는 건가요? 이해할 수 없네요. 그러면 회의주의는 도대체 뭐라고 생각합니까?

프로타
고라스

진리가 없다거나, 또는 진리를 알 수 없다고 해서 진리 찾기를 포기하면 안 돼요. 물론 우리는 당장은 진리를 알 수 없어요. 그러니까 잠시 판단을 중지하고(에포케) 계속 진리를 찾아야 해요. 이것이 진정한 회의주의라고 생각합니다.

피론

사회자

저는 솔직히 피론 님의 주장이 더 마음에 와닿아요.
유튜브에 동영상을 올리면 가끔 "그래서 너의 입장은 뭔데?" 묻는 분들이 있는데요. 솔직히 잘 모르겠어요. 이를테면 유물론이 옳은지, 관념론이 옳은지 잘 모르겠어요. 아마 죽을 때까지 답을 모를 것 같아요.

진리란 게 원래 그런 것 같아요. 우리는 지금 진리를 알 수 없지만, 잠시 판단을 중지하고 계속 찾아봐야죠. 이것이 철학 하는 자세입니다.

피론

사회자

하지만 크게 보면 절대적 진리가 없다거나, 아직은 진리를 모른다는 입장에 모두 동의하시죠?

그렇습니다.

프로타   고르기   피론
고라스   아스

사회자

그런 의미에서 세 분 모두 회의주의자라고 할 수 있겠네요.

자~, 회의주의가 뭔지 규정하려 하지 맙시다. 그 또한 어떤 진리를 주장하는 거예요. 회의주의 정신에 어긋나죠.

고르기
아스

그럽시다. 아, 식사 때네요. 내가 준비한 만찬이나 먹으러 갑시다.

프로타
고라스

사회자

프로타고라스 님은 아테네 일타강사로 굉장한 부자라고 하던데요. 만찬이 기대됩니다.
하하하.

심포지움을 사랑한 사나이 _____

소크라테스는 작은 키에 배가 나오고 머리가 벗겨진 주남이었다고 전해진
다. 그런데 체력과 정신력은 놀라울 정도였다는데,

항상 돈이 없어
힘든 사람요.

외모를 중시했던 고대 그리스

가난한 이란
어떤 사람들을
말하지?

와중에 소크라테스 문답법 중

배 ◄

소크라테스(Socrates, BC 470~BC 399)

아테네군의 중장보병으로 40세까지 전쟁에 세 번이나 참전한 강철 멘탈의
소유자였다고 한다.

부자들도 항상 돈이 부족하다고
욕심을 내던데?
그럼 부자도
가난한 이가 아닌가?

강철 멘탈의 소유자

주위와 더위, 배고픔과 목마름,
죽음에 대한
공포에도
동요하지 않음.

아내 크산티페가 악처였다는 설이 있다. 하루는 소크라테스에게 물바가지
를 씌웠다고 한다. 돈은 안 벌고 철학을 한답시고 매번 길거리에서 논쟁을 벌
이고 술고래였다니….

소크라테스 왈,
좋은 부인을 만나면 행복해질 수 있고,
나쁜 부인을 만나면 철학자가 될 수 있으니 결혼하라.

소크라테스는 플라톤·안타스테네스·파이돈 등 이름난 제자들이 있었고, 청년들에게 인기가 많았다. 그런데 수업료를 받지 않았다 한다. 자기가 가르쳐준 게 없다는 이유였다.

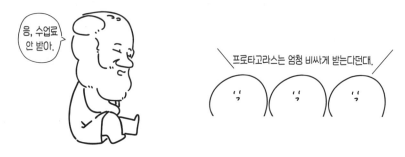

마치 산파가 산모의 출산을 돕듯, 소크라테스는 사람들이 원래부터 알고 있던 보편지식과 진리를 스스로 상기하는 것을 도와줬을 뿐이라고 한다.

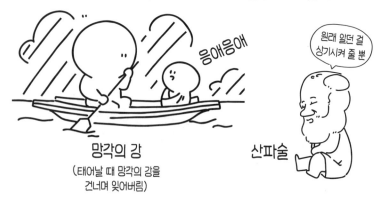

수업료는 안 받았지만 일종의 향응 정도를 받았는데, 그것을 '심포지움'이라고 했다.

밤새 술 마시며 토론하고 음악을 듣고 즐기는 뒤풀이.

한번은 소크라테스의 친구 카이레논이 델포이 신전의 사제에게 물었다.

소크라테스는 그 말을 듣고 어이가 없었다. 그래서 최고로 현명한 사람을 찾기 위해 아테네 명망가들을 찾아다녔다. 그런데 대화를 해보니 그들은 실제로 아는 게 없다는 걸 깨달았다.

소크라테스는 "나는 적어도 내가 모른다는 것은 안다"고 했다. 이것이 '무지의 지'이다. "너 자신을 알라."

65

질문을 꼬리에 꼬리를 물고 계속하다 보면, 상대방이 '내가 아무것도 모른다'는 것을 깨닫게 된다. 이것이 소크라테스 대화법이다. 어느 날 트라시마코스가 길거리에서 빼도 박도 못하게 소크라테스와 마주쳤다.

소크라테스는 결국 아테네가 믿는 신을 믿지 않으며, 청년들을 타락시킨다는 죄명으로 고발당했다.

소크라테스의 제자였던 크리티아스는 독재정치를 하다가 쫓겨났고, 알키비아데스는 아테네를 배신하고 스파르타로 망명했다. 그래서 그들의 스승인 소크라테스에게 앙심을 품은 사람들도 있었다.

소크라테스는 재판에서 왜 자신이 무죄인지 스스로를 변호했다. 1차 투표에서는 280 대 220으로 근소한 표 차로 유죄판결이 났다. 그냥 잘못했다고 하고 벌금이나 좀 내겠다고 하면 풀려날 상황이었다.

그런데 2차 변론에서 소크라테스는 자기는 죄가 없고 위대하다는 둥 하더니, "벌금을 내라면 낼게" 하고는 요즘 돈으로 치면 1달러를 내겠다고 했다.

열받은 배심원들은 결국 2차 투표에서 360 대 140으로 사형을 선고했다.

소크라테스는 탈옥을 도와주겠다는 친구의 제안을 거절했다. 평생 아테네 법에 따라 살아왔는데, 불리하다고 아테네 법을 어기는 것은 자신의 신념에 맞지 않다며, 결국 감옥에서 독배를 마시고 죽었다.

철학오락관

신념에 안 맞아!

고대 그리스 감옥은 탈옥 쉬움

어떤 일본 학자가 이것을 왜곡하여 소크라테스가 "악법도 법이다"라고 말했다는데, 실제로는 이런 말을 한 적이 없다.

재판과정에서 대충 타협하면 벌금형으로 끝날 수도 있었고, 감옥에서 도망칠 수도 있었는데, 어찌 보면 자발적으로 죽음을 택했다고 볼 수도 있다. 소크라테스는 죽으면 영혼이 저 세상으로 간다고 믿었다.

이제 떠나야 할 시간이 되었네.
각자 자기 길을 갑시다.
나는 죽기 위해서, 여러분은 살기 위해서.
어느 쪽이 더 좋은지는 오직 신만이 알 뿐이지.

독이 든 잔

"우리는 왜 살까?" 이런 질문에는 정답이 없다. 하지만 나만의 답은 있을 수 있다. 소크라테스는 이러한 '질문하는 삶'이 바로 철학 하는 삶이라고 말하고 있다.

검토되지 않는 삶은 가치가 없다.

♡ 소크라테스 사랑방 ♡

사회자
> 4대 성인 중 한 명인 소크라테스 님을 모셨습니다. 안녕하세요.

> 잠깐, 나를 4대 성인이라고 부른다고요?

소크라
테스

사회자
> 네. 그렇습니다. 소크라테스, 예수, 석가, 공자를 4대 성인이라고 하죠.

거참, 이상하군요.
내가 그렇게 훌륭한 사람이었나?

사회자
> 소크라테스 님의 철학을 하는 태도는 후대의 많은 사람들에게 감동을 주었습니다.

> 아, 그렇군요.

소크라
테스

사회자
> 철학의 관심을 자연에서 인간으로 옮긴 분이라고도 합니다.

망각의 강

중요한 것은 자연이 아니라 인간이죠. 인간이 어떻게 살아야 하는지, 또한 지식과 진리에 대해서 어떤 태도를 가져야 하는지가 중요합니다. 나는 이런 것을 사람들에게 알려주기 위해서 많은 대화를 했죠.

소크라
테스

사회자: 우리는 그것을 '소크라테스 문답법'이라고 합니다. 그런데 소크라테스 님이 자꾸 질문을 해서 아테네 사람들이 많이 귀찮아 했다고 하더군요.

흠…

소크라테스: 그래도 나는 계속해서 사람들과 대화를 나눴어요. 그래야 아테네 사람들이 깨어 있을 수 있으니까요.

사회자: 그래서 아테네 사람들이 소크라테스 님에게 사형선고를 내렸나요?

신념에 안 맞아!

소크라테스: 그건 그렇지 않아요. 내가 사형선고를 받은 것은 정치적 이유 때문이에요. 청년들을 타락시켰다는 죄명이었죠. 내 제자들이 독재정치를 하고, 아테네를 배신하고… 내가 잘못 가르친 건지…

사회자: 하지만 소크라테스 님이 보여주신 죽음을 두려워하지 않는 태도는 후대 사람들에게 많은 영감을 주었답니다. 18세기 화가 자크 루이 다비드의 「소크라테스의 죽음」 등 명화로도 많이 남아 있어요.

소크라테스: 죽음은 두렵지 않지만 아내는 두려워요. 인터뷰를 빨리 마치죠. 집에 빨리 가야 해서요.

사회자: 네, 알겠습니다. 늦으면 아내가 물바가지를 씌… 빨리 가시죠.

소크라테스: 그럼 이만.(심포지움 가야지…)

이데아를 꿈꾼 레슬러

플라톤은 아테네의 명문귀족 출신으로 원래 이름은 아리스토클레스였다. 레슬링을 선수로 올림픽에 참가할 정도로 잘했다고 한다.

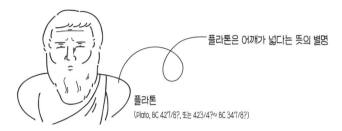

플라톤은 어깨가 넓다는 뜻의 별명

플라톤
(Plato, BC 427/8?, 또는 423/4?~ BC 347/8?)

철학에도 문학에도 소질이 있었고, 엄청 잘생겨서 지나가면 사람들이 쳐다볼 정도였다고 한다. 지덕체를 갖춘, 말 그대로 고대 그리스의 엄친아였다.

3 대 500 짱~

100 Kg   100 Kg

오빠~

플라톤은 서양철학사에서 사상의 체계를 세운 철학자 빅5 중 한 명이다.

2500년 서양철학사 빅5

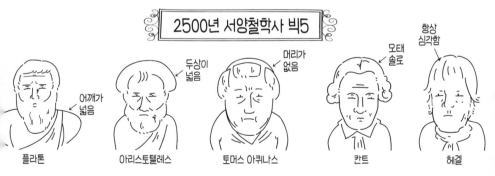

어깨가 넓음

두상이 넓음

머리가 없음

모태 솔로

항상 심각함

플라톤   아리스토텔레스   토머스 아퀴나스   칸트   헤겔

"니체나 비트겐슈타인은 왜 안 넣나요?" 하고 항의할 수도 있을 것이다. 이들은 철학의 체계를 세웠다고 하기는 어렵고, 결정적으로 등장한 지 아직 100~200년밖에 되지 않았다. 철학에서는 적어도 500~600년 정도의 검증과정을 거쳐야 인정받는다.

플라톤은 세계를 현실세계와 이데아의 세계, 이렇게 둘로 나누어 보았다.

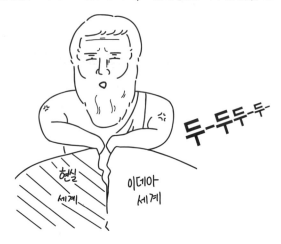

우리가 감각으로 경험하는 현실세계는 가짜이고, 이성으로 꿰뚫어볼 수 있는 이데아의 세계가 진짜 세계이다.

플라톤은 이데아의 세계는 완전하고 변하지 않고 영원한 세계인데, 이성의 눈으로 볼 수 있다고 생각했다. "감각을 믿지 말라. 이성의 눈으로 꿰뚫어 보라."

동굴 속에 사람들이 팔다리가 사슬에 묶여 뒤를 돌아볼 수조차 없는 상태로 갇혀 있다. 뒤에는 벽, 사물의 모형, 횃불이 있다. 묶여 있는 사람들은 횃불에 의해 생긴 모형의 그림자만 볼 수 있다.

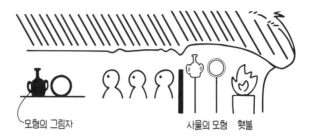

동굴 속 사람들은 태어날 때부터 이 동굴 속에 묶여 있었기 때문에, 자신들이 보는 그림자의 세계를 진짜 세계라고 착각한다.

어느 날 한 사람이 사슬에서 풀려나 동굴 밖으로 나간다. 그리고 여태까지 동굴 속에서 본 것들이 사물 모형의 그림자일 뿐이라는 것을 깨닫는다. 그는 다시 동굴로 돌아가 말했다. "지금 보고 있는 건 그냥 그림자야. 나랑 밖에 나가서 진짜를 보자."

하지만 동굴 안의 사람들은 밖으로 나갈 생각을 안 한다.
"미친 놈, 저렇게 생생하게 보이는 것이 그림자라는 게 말이 되냐?"

동굴의 비유에는 5가지 형태의 존재자가 있다. 동굴 안 그림자, 동굴 안 사물의 모형, 동굴 밖 그림자, 동굴 밖의 실제 사물, 그리고 태양.

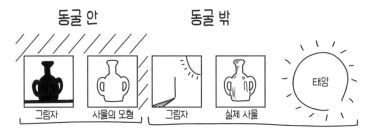

동굴 안의 그림자와 사물 모형은 가짜이고, 이데아의 세계에 있는 동굴 밖 사물의 개념, 즉 동굴 밖 그림자, 실제 사물, 태양이 진짜다.

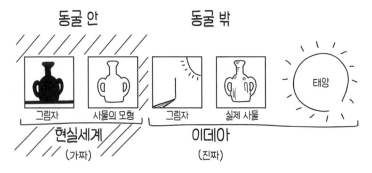

빨강의 이데아는 완전무결한 어떤 빨강색이다. 원의 이데아는 원의 정의(개념)에 딱 들어맞는 완전한 형태의 원이다. 정의의 이데아는 변하지 않으며 영원하고 완벽한 정의를 말한다. 이데아는 무수히 많다.

이데아 중의 이데아는 바로 선(GOOD, 좋음)의 이데아다. 태양이 있어야 사물들이 보이는 것처럼, 선의 이데아가 있어야 다른 이데아들이 있다.

이데아의 세계에서 태양이 가장 진짜로 존재하는 것이고, 태양에서 멀어질수록 진짜에서 멀어진다.

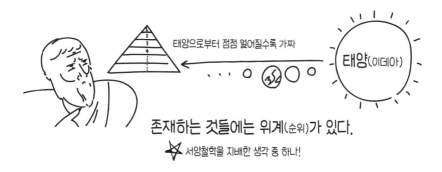

우리가 사는 세계도 마찬가지다. 우리가 보는 현실세계는 동굴 속 사물 모형의 그림자일 뿐이다. 그런데 현실을 모방한 그림이나 영화는 사물 모형의 그림자의 그림자일 뿐이다. 즉, 가짜 중의 가짜다.

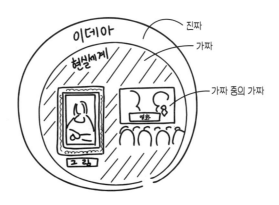

플라톤에 따르면, 우리는 실재와 가상을 착각하고 있는 상태이다. 가짜 세계, 즉 동굴 안 사물 모형의 그림자를 보고 진짜 세계인 줄 착각하며 산다.

우리는 이미지만 보고 안다고 생각하지만 그건 추측일 뿐이다. 또한 현실세계의 사물을 보고 안다고 생각하지만 이건 믿음일 뿐이다. 어떻게 그런 믿음을 갖게 되었는지 근거를 제시할 수 있어야 진정한 '앎(지식)'이다.

플라톤은 '지식'이란 3가지 조건을 충족해야 한다고 봤다.

플라톤에 따르면, 지식이란 '정당화된 참인 믿음'(JTB, Justified Truth Belief)
이다. 플라톤의 지식에 대한 정의는 무려 2500여 년 동안 믿어져 왔다.

추측과 믿음은 그냥 하나의 견해일 뿐이다. 지식이 아니다. 한편, 개념을 통
해서 아는 것은 '이해'이다.

사과가 떨어지는 것, 조수간만의 차이 같은 개별적 현상으로부터 만유인력이
란 개념을 끌어낸다. 개념은 개별적인 것을 보편적(일반적)인 것으로 묶은 것
이다. 이런 개념을 아는 것이 바로 이해이다.

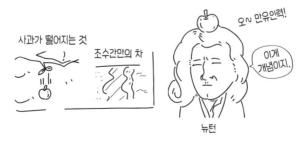

이데아는 감각이 아니라 순수한 사유(순수이성)를 통해서만 알 수 있다. 플라톤은 이와 같은 이해와 순수이성이야말로 진짜 지식이라 본다.

즉, 우리의 눈에 보이는 세계에 대한 견해는 가짜 세계에 대한 것이고, 이성의 눈으로 보이는 이데아가 진짜 세계이다.

이를 플라톤의 선분의 비유라고 한다. 플라톤이 땅바닥에 선을 그리면서 설명했기 때문에 '선분의 비유'라고 한 것 아닌가 추측하는 사람들도 있다.

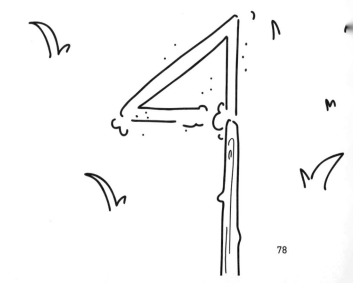

우리가 무언가를 이해한다는 것은 과학적 추론이라고도 할 수 있다. 이러한 추론적 지식의 결정판이 바로 기하학이다. 그래서 플라톤은 자신이 세운 아카데미아에 "기하학을 모르는 자는 들어오지 말라"고 했다.

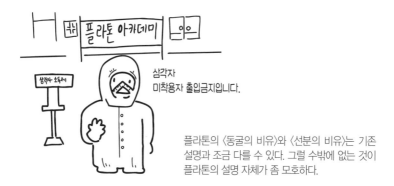

플라톤의 〈동굴의 비유〉와 〈선분의 비유〉는 기존 설명과 조금 다를 수 있다. 그럴 수밖에 없는 것이 플라톤의 설명 자체가 좀 모호하다.

플라톤은 인간의 영혼을 3가지 영역으로 구분했다. 머리로 대표되는 이성과 지성, 심장으로 대표되는 의지와 도덕, 위장으로 대표되는 욕구와 욕망.

플라톤은 훌륭한 인간이란 이성이 의지를 통해서 욕망을 통제하는 인간이라고 보았다.

79

플라톤에 따르면, 인간의 덕 중에서 최고는 '정의'다. 정의로운 인간이 되려면 지혜, 용기, 절제가 있어야 한다.

플라톤은 인간의 영혼을 경주용 마차에 비유한다. 마부는 이성을 상징하고, 길잡이 말은 의지, 충동적이지만 힘센 말은 욕망을 상징한다. 이성, 의지, 욕망이 잘 조화되었을 때 비로소 인간은 행복해질 수 있다.

기원전 4세기, 아테네는 펠로폰네소스 전쟁에서 패했고, 아테네에 친 스파르타 괴뢰정부가 세워졌다. 명문귀족인 플라톤 가문은 이 괴뢰정부에 참여했다.

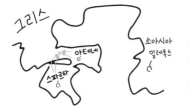

소크라테스의 제자들 중에도 친 스파르타 괴뢰정부에 관여했던 이들이 많았다.

펠레폰네소스 전쟁(BC 431~BC 405)

이후 스파르타 괴뢰정부가 무너지고 다시 시민민주정이 들어서자, 플라톤 가문은 궁지에 몰렸다. 와중에 스승 소크라테스가 처형됐다. 플라톤은 충격을 받고 정치의 꿈을 포기하고 아테네를 떠났다.

플라톤은 아테네가 시민민주주의를 했기 때문에 스파르타와의 전쟁에서 졌다고 생각했다. 시민민주주의를 어리석은 대중들의 중우정치라고 싫어하고, 아테네가 영광을 되찾으려면 계급사회가 되어야 한다고 봤다.

어딘가에 소크라테스

인간에게 머리, 심장, 위장이 있듯, 플라톤은 국가에도 통치자, 수호자, 생산자 계급이 있어야 한다고 주장했다.

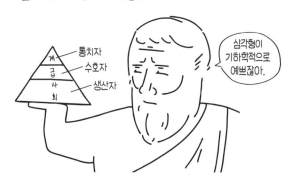

이성과 지성이 강한 사람은 통치자가 되고, 의지와 용기가 강한 사람은 수호계급이 되고, 욕구와 욕망이 강한 사람은 생산계급이 되어야 한다.

플라톤의 이상국가는 정의가 실현되는 국가다. 정의로운 국가가 되려면 통치계급은 지혜를 가져야 하고, 수호계급은 용기를 가져야 하며, 생산계급은 절제를 해야 한다.

그렇다면 이성과 지성이 강한 사람은 누구일까? 바로 선의 이데아를 아는 사람, 즉 철학자다. 그래서 플라톤이 꿈꾼 정치를 철인정치라고 한다.

플라톤은 통치계급에 사유재산 금지, 결혼 금지 등 강력한 책임을 요구했다. 필요한 만큼만 배급받고 기숙사 같은 데서 공동생활을 해야 한다고 봤다.

이탈리아 남부 시라쿠사의 디오니시오스 1세가 이상국가를 만들어 보라고 플라톤을 불렀다. 그런데 플라톤의 이상국가는 철인(철학자)이 지배하는 국가다. 왕을 쫓아다니며 공부하라고 볶으니, 왕이 열받아 죽이려 했다고 한다.

이후 플라톤은 디오니시오스 2세에게도 두 번 더 채용됐지만 모두 실패했다. 정치를 글로 배웠고, 실전에서는 통하지 않았던 것이다.

플라톤은 아름다움의 원천은 황금비율에서 나오는 균형과 조화라고 생각했다. 아름다움(미, 美)은 대상이 지니는 아름다운 비율에 있다는 것을 '미의 대이론'이라고 한다.

플라톤은 시는 우리가 진리에 다가서지 못하게 하며 교육적 가치가 없다고 보고 시인 추방론을 주장했다.

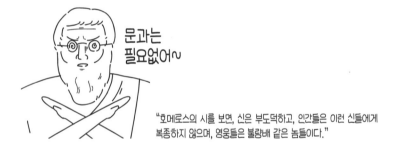

현실세계는 이데아 세계의 모방이며, 예술작품은 '이데아에 대한 모방의 모방'이다. 예술은 이데아의 진리로부터 두 단계나 떨어져 있는 가짜이며, 인간을 타락시킨다고 본 것이다.

웬만한 건 다 한 멀티플레이어

아리스토텔레스는 기원전 384년 마케도니아에서 궁중의사 아들로 태어나 왕자의 친구로 궁정에서 자랐다.

궁중의사 아들
왕자 친구

아리스토텔레스(Aristotles, BC 384~BC 322)

17세에 아테네로 가서 플라톤의 아카데미아에서 20년 정도나 공부했다. 아카데미아의 후계자가 될 것으로 기대했지만 되지 못했다.

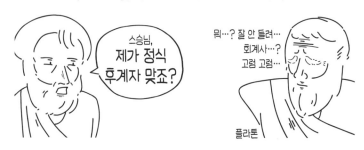

스승님,
제가 정식
후계자 맞죠?

뭐…? 잘 안 들려…
회계사…?
고럼 고럼…

플라톤

마케도니아로 돌아와 알렉산더 왕자를 가르쳤고, 50세에는 다시 아테네로 돌아와 리케이온 학당을 열어 13년 동안 제자들을 가르쳤다.

싹수가 장난이
아니구나.

알렉산더

아테네

리케이온 학당

1타 강사

아리스토텔레스
원장님

아리스토텔레스는 스승 플라톤과 함께 서양철학의 양대 기둥으로 불린다.

의사 집안의 아들답게 자연학에 관심이 많아 물리학, 천문학, 특히 생물학을 연구했다.

식물부터 인간까지 생물 관찰 분류, 500종 동물 관찰, 고래·꿀벌·닭의 부화 연구, 아테네에 세계 최초 동물원 설립.

"모든 중요한 지식의 토대는 아리스토텔레스로부터 시작됐다." 러셀의 말이다. 아리스토텔레스는 형이상학·논리학·수사학·시학·정치철학·윤리학 등 모든 분야에 발자취를 남겨 '학문의 아버지'로 불린다.

스승 플라톤은 현실 너머의 완전한 이데아의 세계를 중시했지만, 아리스토 텔레스는 현실세계에 주목했다.

아리스토텔레스는 플라톤의 이데아론은 비유일 뿐이라며, 현실세계를 질료 와 형상으로 설명하고자 했다.

질료는 그냥 재료라고 생각하면 된다. 형상은 그것의 본질을 말한다. 현실세 계의 모든 개별자들은 질료와 형상이 결합된 것이다.

플라톤은 이데아의 세계를 저기 위에 올려놓고, 현실세계는 가짜라며 이원론적 세계관을 내세웠지만,

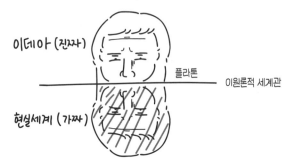

아리스토텔레스는 이데아에 '형상'이라는 이름을 붙여놓고, 아래로 끌고 내려와서 하나의 현실세계로 통일시켰다. 그리고 만물은 변한다고 주장했다.

그렇다면 운동과 변화는 어떻게 가능할까? 아리스토텔레스는 가능태와 현실태로 설명한다. 도토리가 땅에 떨어지면 도토리 싹을 틔운다. 이때 도토리는 가능태, 도토리 싹은 현실태이다.

도토리(가능태) 속에는 도토리 싹(현실태)의 형상이 들어 있다. 모든 개별자(예: 도토리 싹)는 가능태이며 현실태이다. 가능태(도토리 싹)가 현실화되면서 새로운 개별자(참나무, 현실태)가 된다. 이것이 세계가 운동과 변화를 하는 이유이다.

아리스토텔레스는 모든 것은 존재하는 목적이 있다고 봤다. 인간은 존재하는 목적이 있다. 도토리도, 별도, 잠자리도, 의자도 존재하는 목적이 있다.

가장 아래는 형상이 없이 질료만 있는 순수질료이고, 가장 위는 질료는 없이 형상만 있는 순수형상이다. 순수형상은 신, 이데아와 같은 것이다.

순수형상
(신, 이데아)

슈
ㅡ
우
ㅡ
웅

순수질료

"세계는 위계 시스템이다. 아래 있는 것들은 위로 가는 게 목적이다." 세계의 운동과 변화는 개별자들이 순수형상으로 되어가는 과정에서 일어난다.

(서양철학 특징-목적의식적, 위계 중시)

우리가 실체를 알려면 어떻게 해야 할까? 아리스토텔레스는 4가지 요인을 탐구해야 한다고 한다.

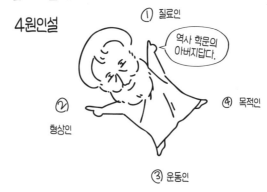

미켈란젤로의 「다비드상」이란 실체를 보자. 질료인은 대리석 덩어리, 형상인은 미켈란젤로가 머릿속으로 상상했던 다비드, 운동인은 대리석 덩어리를 깎아내는 행위, 목적인은 다비드 왕을 상징하기 위해서 만든 것이다.

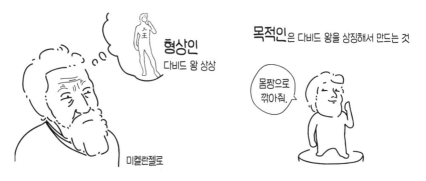

대체로 유물론적 경향이 강한 철학에서는 4원인설에서 질료인과 운동인을
강조하고, 이러한 경향은 근대과학과 현대과학까지 이어지고 있다.

인간은 왜 살까? 아리스토텔레스는 우리가 사는 목적, 인간의 모든 행위의
목적을 에우다이모니아(Eudaimonia)라고 한다.

아리스토텔레스는 자신의 능력을 탁월하게 수행하는 상태를 아레테(덕)라
고 한다. 그래서 아리스토텔레스의 윤리학을 '덕의 윤리학'이라고 한다.

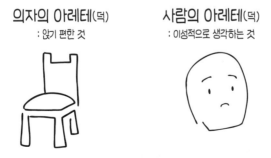

플라톤은 앎을 강조했지만, 아리스토텔레스는 실천을 중시했다.

이거 다 읽어라

어떤 행동을 반복하면 그것이 습관이 되고,
결국 그 사람의 인격이 된다.

플라톤

아리스토텔레스

아리스토텔레스의 덕(아레테)이란 어느 한쪽에 치우치지 않는 중용을 지키는
것이다. 중용을 계속 실천해 습관이 되면 그것이 덕이다. 인간의 덕은 이성을
탁월하게 발휘하는 것이고, 덕을 지키는 것이 잘사는 것이다.

비겁함

용기

만용

중용

용기는 비겁함과 만용의 중
용이며, 겸손은 수줍음과 파
렴치의 중용이다.

플라톤은 예술이 현실을 흉내내는 것이라고 했지만, 아리스토텔레스는 예술
가들은 현실을 자기만의 방식으로 모방한다고 보았다.

자신만의
방식으로 모방
하는 거죠.

가짜의 가짜!
그림자의 흉내일 뿐

플라톤

아리스토텔레스

사람들은 비극을 보면 카타르시스를 느끼는데, 아리스토텔레스는 카타르시스를 통해 영혼이 한층 고무된다고 보았다.

고대 그리스는 정치가와 소피스트들이 광장에서 온갖 미사어구로 사람들을 현혹했다. 아리스토텔레스는 그 주장들이 헛소리인지 아닌지 구별하는 규칙을 만들기로 결심하고, 아예 '논리학'이라는 학문을 만들어버렸다.

뉴턴의 만류인력이 맞는지 판단하려면, 먼저 그 지식을 뽑아낸 방식이 적절한지 판단할 줄 알아야 한다. 그런 점에서 모든 학문은 논리학을 만든 아리스토텔레스에게 빚을 지고 있다. 역시 아리스토텔레스는 '학문의 아버지'라 불릴 만하다.

∼ 플라톤과 아리스토텔레스의 재회 ∼

사회자
> 플라톤 님은 소문대로 어깨가 넓으시군요.

한때는 레슬링 선수였어요, 하하하.

으-쓱

사회자
> 현대 철학자 화이트헤드는 "서양철학은 플라톤의 각주일 뿐이다"라고 했는데요. 그만큼 서양철학은 플라톤 철학의 프레임 속에 있다는 뜻이겠죠. 플라톤 님은 우리에게 가장 중요한 진리가 무엇이라고 생각하나요?

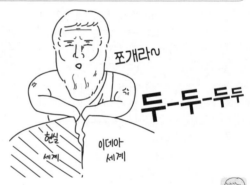

쪼개라∼

두-두-두두

현실 세계

이데아 세계

플라톤

나는 진짜와 가짜, 이상과 현실이라는 이원론으로 세상을 봐야 한다고 생각해요. 우리 눈에 보이는 이 현실세계는 가짜 세계이고, 이성의 눈으로 꿰뚫어 보는 이데아의 세계가 진짜 세계죠.

사회자
> 그러면 모든 가치의 중심은 이데아라는 말인가요?

플라톤

그렇습니다. 모든 것은 이데아로부터 나왔고, 현실세계는 이데아의 그림자일 뿐입니다. 그림자에 빠져 있으면 안 됩니다. 어둠의 동굴에서 빨리 나와야 해요.

사회자

이데아의 세계는 비유하자면 어떤 세계입니까?

관념의 세계죠. 머릿속에서만 존재할 수 있는 세계예요.
일종의 기하학과 같은 겁니다. 그래서 내가 세운 아카데미아 학당에 입학할 때 기하학 시험을 보게 했어요. 많은 문과생들이 고생을 좀 했지요, 하하하.

플라톤

사회자

플라톤 님의 이데아 사상은 후대에 많은 영향을 미쳤는데요. 어떤 철학자는 하느님의 나라가 진짜이고, 이 땅의 세상은 가짜라는 기독교 사상도 플라톤 님의 영향을 받았다고 합니다. 그런데 현실세계를 가짜로만 보는 것에 대해 비판하는 사람들도 있어요.

나는 스승님의 생각에 동의하지만, 너무 현실을 무시해서는 안 된다고 생각해요. 이데아가 존재하는 것은 맞지만, 이데아에 모든 가치가 있는 것은 아니에요.

아리스토
텔레스

사회자

이 현실세계를 무시할 수 없다는 말인가요?

이데아는 저 위에 따로 존재하는 것이 아니에요.

이데아는 현실세계의 사물들 안에 형상으로 존재합니다. 그러니까 이 개별적인 대상들을 연구해야 합니다. 그래서 내가 물리학, 천문학, 생물학과 같은 학문을 만들어낸 것입니다.

아리스토
텔레스

사회자

그뿐만이 아니죠. 아리스토텔레스 님은 형이상학, 논리학, 수사학, 시학, 정치철학, 윤리학 같은 학문을 만들었죠. 그래서 '학문의 아버지'라고 합니다.

학문의 아버지라니…
쑥스럽네요.

아리스토텔레스

사회자

라파엘로의 그림 「아테네 학당」을 보면, 플라톤 님은 손가락으로 하늘을 가리키는데, 아리스토텔레스 님은 손바닥으로 땅을 가리키고 있더군요. 왜 그랬는지 이제야 이해가 됩니다.

내가 그 포즈를 취하지 말라고 했는데…. 내가 우주론 책을 들고 포즈를 취하자니까, 굳이 윤리학 책을 들고 서더라고요.

플라톤

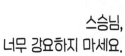
스승님,
너무 강요하지 마세요.

아리스토텔레스

내 말을 안 들으니까, 아카데미아 원장 자리를 안 준 거야.

플라톤

너무하신 거 아닙니까? 정말 내가 될 줄 알았다고요!

아리스토
텔레스

Part

4

중세로 가는
길목의 철학

통 속의 디오게네스

기원전 5세기 아테네에서 시작된 고대 그리스 철학은 도시국가의 시민으로서 인간은 어떻게 살아가야 하는가, 이상적인 국가는 무엇인가와 같은 문제에 주목했다.

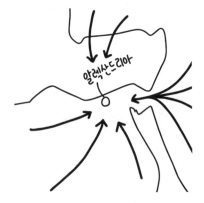

인간은 어떻게 살아야 하는가?

이상적인 국가란 무엇인가?

아테네

⪢ 고대 그리스 철학 삼인방 ⪡

소크라테스   플라톤   아리스토텔레스

그런데 기원전 4세기 무렵 알렉산더 대왕이 대제국을 건설하면서 사람들은 알렉산드리아 등의 대도시로 이주하게 되었다.

알렉산드리아

이제 철학은 인간이 개인으로서 어떻게 하면 행복해질 수 있는가에 관심을 갖게 되었다. 이런 흐름 속에 회의주의 학파, 에피쿠로스 학파, 스토아학파, 견유학파 등이 나타났다.

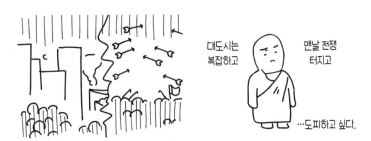

대도시는 복잡하고

맨날 전쟁 터지고

…도피하고 싶다.

디오게네스는 '통 속의 디오게네스'라고도 불린다. 나무로 만든 통 속에서 혼자 살았고, 가진 것이라곤 옷 한 벌과 물컵 하나가 전부였다고 한다.

시노페의 디오게네스
(Diogenes, BC 412~BC 323)

디오게네스도 젊을 때는 욕심이 많았다. 환전상인 아버지가 나라의 화폐 제작일을 맡자, 디오게네스는 욕심에 화폐를 위조했다. 결국 아버지가 체포되어 감옥에서 죽었다.

젊은 한때 화폐 위조범!

그런 경험 때문인지 디오게네스는 욕심을 버리고, 문명을 반대하며 자연적인 삶을 실천하는 철학자로 평생을 살았다.

욕심 버려야지.

견유학파의 견(犬)은 개라는 뜻이다. 개가 본성대로 사는 것처럼, 행복한 삶이란 부와 명예와 권력 따위 필요없고, 관습과 허위의식도 버리고, 인간의 자연적인 욕구에 충실하게 사는 것이다.

그냥 본성대로 살아.

어느 날 알렉산더 대왕이 찾아와서 소원을 하나 들어주겠다고 했다. 그러자 디오게네스는 "햇빛을 가리지 말고 제발 좀 비켜달라"고 했다고 한다.

소원을 말해봐라.

일광욕 중이니까 비키슈.

부하들이 화가 나서 칼을 뽑아들자, 알렉산더 대왕이 말리며 말했다고 한다. "내가 알렉산더가 아니라면, 나도 디오게네스처럼 되고 싶네."

구왕좌 버리고 노숙자 한댄다.

내버려둬라. 나도 저리 살고 싶다.

디오게네스는 플라톤을 싫어했다. 모든 관습과 허세를 파괴해야 한다고 생각한 사람이니, 완벽한 이데아주의자이자 대중은 멍청이라는 플라톤과 사이가 좋을 리 없었다.

플라톤이 이데아를 설명하면서 책상과 컵의 이데아에 대해 말하자, 디오게네스는 "내 눈에는 책상과 컵만 보이는데, 대체 이데아가 어디에 있다는 거야?"라고 반문했다고 한다.

디오게네스는 구걸할 때 거절당하는 훈련을 한다며 동상에게 구걸을 하기도 했다. 어떤 면에선 철학자라기보다는 삶 자체가 행위예술이었다.

각박한 도시의 정신승리

기원전 4세기 무렵 알렉산더 대왕은 대정복 전쟁을 일으켰다. 잇따른 전쟁으로 작은 도시국가들이 붕괴되고 대도시가 건설되는 등 혼란스러웠다.

두려움을 정복하는 자,
세계를 정복하리라.
- 알렉산더 명언-

공황상태…

키티온의 제논은 공황상태에 있던 사람들의 마음을 사로잡은 듯하다. 당시 선풍적인 인기를 끌었다. 아테네의 스토아에서 강의했다고 해서 스토아 학파라는 이름이 붙었다.

스토아(건축물에서 여러 개의 기둥이 줄지어 선 주랑)

키티온의 제논
(Zeno, BC 335~BC 263)

고향이 키티온

스토아 학파는 기원전 3세기에 등장해 기원후 1~2세기까지 명맥이 이어졌다. 창시자인 키티온의 제논과 제자 클레안테스, 노예 에픽테토스, 네로 황제의 스승 세네카, 로마 황제 마르쿠스 아우렐리우스 등이 있다.

400~500년 동안
이어진 철학.
왕도 노예도 했지.

기원후 1~2세기

기원전 3세기

스토아 학파는 세계에 존재하는 모든 것은 물질이라고 봤다. 정신도 신도 물질이라 생각했다.

세상 모든 것은 목적을 가지고 로고스에 따라 변화하고 운동을 한다. 세계 전체가 바로 신(GOD)이다.

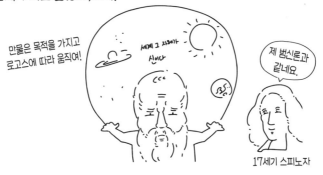

미래와 인간의 운명은 인과관계에 의해 이미 결정되어 있다. 그러니 불필요한 정념에 빠지지 말고 운명을 받아들여라!

행복해지려면 모든 정념으로부터 벗어나서 평정심을 잃지 말아야 한다. 이런 상태를 아파테이아(Apatheia)라고 한다.

아파테이아
...... 초연하고 평정심을 잃지 마.

모든 정념에서 벗어나.

스토아 철학자들의 강한 의지를 보여주는 일화가 많다. 노예였던 에픽테토스는 화를 내지 않았다. 주인이 다리를 비틀게 하자 "아이고, 그만하세요. 부러져요"라고 했고, 다리가 부러지자 "아이고, 그것 봐요"라고 했단다.

거봐유. 부러진다니까요.

에픽테토스

뿌지-직

에픽테토스는 사무직 노예였다. 절름발이여서 이런 일화가 전해 내려오나 보다.

스토아 철학자들은 죽음에도 초연한 태도를 보였다. 제논은 "죽음아, 무엇 때문에 나를 부르느냐? 내가 갈게" 하고 스스로 숨을 참아 목숨을 끊었고, 클레안테스는 스스로 굶어 죽었다는 설이 있다.

스토아 철학자들은 왜 이리 죽음에 초연해?

호젓한 전원에서의 안빈낙도

흔히 에피쿠로스 학파라 하면 쾌락주의를 떠올리지만, 더 깊게 보면 본질은 힐링 철학에 더 가깝다.

쾌락보다 힐링 철학이지.

에피쿠로스
(Epicurus, BC 341~BC 270)

소아시아의 사모이 섬에서 태어난 에피쿠로스는 알렉산더 대왕이 죽은 후 불안하고 혼란한 시기에 '정원'이라는 대안 공동체를 만들었다.

전후 상황이라 불안해.

같이 살래?

정원 공동체는 여러 군데 있었는데 한때는 40만 명이나 되었다고 한다.

바글바글

좀 밀지 마.

대충 김포시 인구랑 맞먹네.

정원 공동체에는 노예와 여자들도 있었고 매춘부였던 사람도 있어 오해를 사기도 했다. Epicure에는 '식도락'이라는 의미가 있다. 당시의 오해가 지금까지 남아 있는 셈이다.

에피쿠로스는 요즘으로 치면 미니멀리즘의 끝판왕으로 볼 수도 있다. 물과 빵만 먹었고 가끔 치즈를 먹는 정도였다고 한다.

에피쿠로스는 인간의 감정을 쾌락과 고통 두 가지로 보았다. 인간은 그저 원자들이 모였다가 흩어지는 것일 뿐이다. 태어난 목적도 사명 같은 것도 없다.

인생은 원래 의미가 없다. 그러니 고통에서 벗어나 그냥 행복하기만 하면 된다. 고통에서 벗어나 욕망에 흔들리지 않는 상태가 아타락시아(Ataraxia)다. 정원 공동체에서 욕심을 버리고 철학을 공부하며 우정을 나누고 사는 것이 행복이다.

에피쿠로스는 죽음도 두려워할 필요가 없다고 한다. "우리는 살아 있을 때 죽을 수 없고, 죽으면 존재하지 않는다. 따라서 죽음을 두려할 필요가 없다."

"욕망을 끊어라." 에피쿠로스의 철학은 끊임없이 욕망을 부추기는 자본주의를 사는 현대인들에게 필요한 철학이 아닌가 싶다.

한마디 :

덜 먹으면 마음이 더 평온해진다?

5분뚝딱인터뷰

∼ 고통을 피하는 방법에 대하여 ∼

사회자

인간이 어떻게 살아야 하는지, 삶의 지혜에 대해서 이야기를 나눠보죠. 먼저 에피쿠로스 님에게 삶의 지혜에 대해 들어보죠.

삶의 목적은 행복이죠. 행복하기 위해서는 쾌락을 추구해야 하고요. 나의 철학은 쾌락주의라고 할 수 있죠.

에피쿠로스

근데 어떤 사람들은 날 오해하더군요.

쾌락만 추구하면서 방탕하게 살라는 것이 아니에요. 과도한 쾌락은 고통을 동반하거든요. 최대한 절제하면서 자그마한 쾌락으로 행복을 느끼라는 겁니다.

에피쿠로스

사회자

일부 오해를 하긴 했지만, 이제는 그렇지 않아요. 오히려 에피쿠로스 님의 철학을 받아들여 발전시켰는데요. 개인의 쾌락을 공공 다수의 쾌락으로 바꾸어 '최대 다수의 최대 행복'을 모토로 하는 공리주의가 나타나기도 했지요.

그렇다면 다행이군요.

에피쿠로스

참, 제논 님은 지난 번에도 나오셨던 걸로 기억하는데요.

그건 내가 아니에요.

아, 그분은 엘레아 출신의 제논이고, 나는 키티온의 제논이에요. 다른 사람이에요. 그런데 후대 사람들은 나의 사상을 스토아 철학이라고 한다면서요?

키티온의 제논

사회자

제논 님이 스토아에서 강의를 많이 했기 때문에 그렇게 부른다더군요.

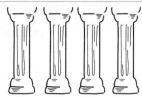

키티온의
제논

그렇군요. 우리는 행복과 같은 어떤 정념에 빠져서는 안 됩니다. 사람이 사는 데 가장 필요한 것은 덕과 절제예요. 일희일비하는 건 바보 같은 일이지요. 인간의 운명은 정해져 있어요. 그걸 담담하게 받아들여야 해요.

정념에
빠지지 말자.

사회자

그렇다면 죽음도 담담하게 받아들여야 한다고 생각하시나요?

그렇습니다. 그래서 나는 때가 되었을 때 자살을 한 겁니다. 내 제자들 중에도 많…

키티온의
제논

사회자

아…, 안타깝네요….
제가 감히 두 분의 철학을 비유하자면, 에피쿠로스적인 삶은 도시생활에 찌들어 살다가 시골로 내려가서 작은 행복에 만족하는 안빈낙도의 삶이고,
스토아적인 삶은 바쁘고 각박한 도시생활이지만 버티는 정신승리의 삶이라고 볼 수 있을 것 같아요. 제 비유가 맞나요?

대체로 맞습니다. 나는 고통을 피하는 쪽을 선택한 것이고…

에피
쿠로스

나는 고통을 고통이 아니라고 생각하며, 정신승리 하는 쪽을 선택한 것이죠.

키티온의
제논

(이때 디오게네스가 뒤늦게 들어온다.)

오다가 배고파서 구걸해서
뭐 좀 먹느라고 늦었네요.

역시 디오게네스 님답습니다. 하고 싶은 것 다 하시는….

사회자

하하하. 그런가요? 뭐 신경쓸 거 있습니까?
졸리면 자고, 먹고 싶으면 먹고, 싸고 싶으면 싸고,
이렇게 사는 게 자연스러운 삶입니다.
남의 눈치 보고, 부와 명예나 쫓으면서 사는 건 거짓된 삶이에요. 내가 보기에 에피쿠로스
나 제논도 거짓 행복을 추구하고 있는 겁니다. 그나저나 밥을 먹었더니 졸리네.

디오게
네스

(디오게네스는 그 자리에서 벌러덩 누워서 코를 골기 시작한다.)

디오게네스 님, 일어나세요. 여기서 이러시면 안 됩니다.

사회자

이분 아주 매너가 없네.

키티온의   에피
제논   쿠로스

아무래도 여기서 마쳐야 할 것 같습니다.

사회자

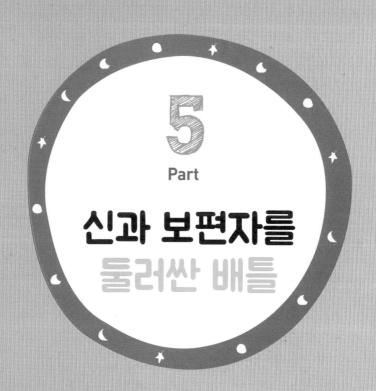

5
Part

신과 보편자를
둘러싼 배틀

마니교를 믿었던 철학자

아우구스티누스는 북아프리카의 로마 식민지 타가스테에서 태어나 히포(현 알제리의 안바나)의 주교가 되었다. 그래서 '히포의 아우구스티누스'라고 불렸다.

아우구스티누스는 기독교로 개종 전에 마니교를 믿었는데, 마니교는 선의 신과 악의 신이 서로 대립하는 것으로 본다. 하지만 아우구스티누스는 악은 실체로서 존재하는 것이 아니라 '선이 없는 상태'라고 보았다.

아우구스티누스는 플로티노스의 일자사상을 받아들여 일자 자리에 '신'을 올려놓았다. 신에서 물질로 내려올수록 악이 커지는 것을 타락, 위로 올라갈수록 신과 합일되는 것을 구원이라고 했다.

고대 그리스인들은 만물의 근원을 탐구하고 이데아 사상과 같은 철학을 발전시켰지만, 로마인들은 다른 나라를 정복하고 관리하며 살았던지라 현실적 문제에 더 관심이 많았다.

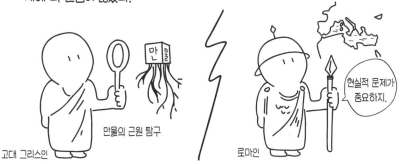

만물의 근원 탐구

고대 그리스인

현실적 문제가 중요하지.

로마인

그리스 사람들에게 진리는 이데아 사상처럼 이상적인 것이었지만, 로마인 아우구스티누스에게 진리는 믿음을 통해서 쟁취해야 할 현실적인 것이었다.

실존하긴 하는 거야?

이데아

일반적 상식으로는 앎이 먼저이고, 믿음이 나중이다. 그런데 아우구스티누스는 진리를 알고 싶으면 일단 믿으라고 한다. 내가 하느님을 믿으면 진리를 알게 될 거라는 것이다.

일단 믿어!

믿음

아우구스티누스는 젊은 시절 방탕하게 보냈다. 약혼자가 있으면서 바람을 피우고 동거녀와 사생아를 낳기도 했다. 그런 그가 지난날을 고백하고 신에 대한 찬미를 담은 것이 『고백록』이다. 그는 신학과 철학에 큰 영향을 미침으로써 중세철학의 문을 열어젖혔다.

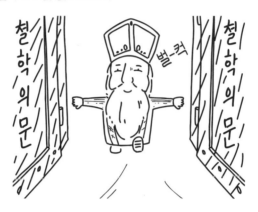

이제 철학의 주제는 고대 그리스의 인간 중심, 헬레니즘 시대(스토아 철학)의 개인 중심에서 중세에 이르러 신 중심으로 옮겨가게 된다.

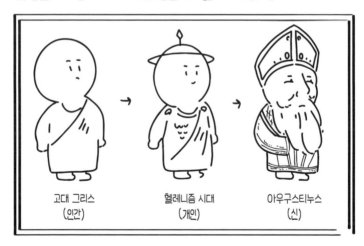

한마디 :
오랜 방황 끝에야 지름길을 찾을 수 있다.
한때 마니교를 믿고 방탕하게 살았던 아우구스티누스.

감옥을 찾아온 철학의 여신

보에티우스는 6세기 로마제국의 명문가 출신으로 탁월한 행정능력으로 40대에 동고트 왕국의 집정권이 되었다. 화폐제도, 도량제도, 재정문제, 종교충돌 등을 기막히게 해결해 왕의 신임을 받았다고 한다.

어릴 때 고아가 됐지만 명문가에 입양됨.

성공의 아이콘~

보에티우스(Boethius, 470년대?~524)

그런데 동로마제국과 내통했다는 누명을 쓰고 하루아침에 감옥에 갇혔다. 파비아의 감옥에서 사형을 기다리면서 2년 동안 쓴 것이 『철학의 위안』이다.

사형을 기다리며 책이나 쓰자.

524년 파비아에서 처형당했다.

보에티우스는 최후의 로마 철학자이자 최초의 스콜라 철학자로 불린다.

수식어가 왜 이리 많아.

로아해 최후의 스콜라 성공의 뼈를 집정관 철학의위안

감옥에 있는 보에티우스에게 어느 날 철학의 여신이 찾아와 이렇게 말한다. "운명의 수레바퀴는 돈다."

수레바퀴의 맨 꼭대기에 올라가면 반드시 밑으로 떨어지게 되어 있고, 맨 밑 바닥에 있다가도 언젠가는 다시 위로 올라가게 된다.

그러니 "행운이 왔다고 해서 기뻐할 일도 아니고, 불행이 닥쳤다고 슬퍼할 일도 아니다."

행복은 사람을 속이지만, 불운은 사람을 가르친다.

우리는 신의 의도를 알 수 없지만, 세상 모든 일은 모두 신의 섭리이다. 신은 무슨 일이 일어날지 다 알고 계신다. 우리에게 우발적으로 보이는 것들도 신의 의도 아래 일어나는 것이다.

하지만 신에 의해 다 결정되어 있다고 해서, 인간이 자유의지가 없는 것은 아니다. 보에티우스는 자신의 운명을 체념함으로써, 또는 적극적으로 신에게 복종함으로써 행복을 얻으려 했다고 볼 수도 있다. 신의 섭리, 악의 문제, 인간의 자유의지 문제는 이후 수백 년 동안 스콜라 철학의 주제가 되었다.

한마디 :
인생은 한치 앞도 알 수 없다. 그러니 오늘을 즐겁게 살자.

5분뚝딱인터뷰

∾ 신과 함께 차 한잔 ∾

사회자
> 중세철학에 큰 영향을 준 로마시대 철학자 두 분을 모셨습니다. 안녕하세요.

안녕하세요.

보에티 아우구스
우스 티누스

사회자
> 아우구스티누스 님은 한때 방탕한 생활을 하셨다고 들었습니다.

젊었을 때 좀 놀았죠. 오랜 기간 마니교에도 빠져 있었고요.

아우구스
티누스

사회자
> 어떤 계기로 기독교를 믿게 되었나요?

어느 날 정원에 앉아 있는데 갑자기 "읽으라", "읽으라"라는 아이들의 노랫소리가 들렸어요. 그때 나도 모르게 옆에 있는 책을 집어들었는데 "육신의 정욕을 만족시키려 하지 말고 주 예수로 옷 입으라"라는 글귀가 눈에 들어왔어요. 바울의 로마서였죠. 이때부터 믿음을 갖게 되었습니다.

아우구스
티누스

사회자
> 그렇군요. 후대 사람들은 그 사건을 '아우구스티누스의 회심'이라고 합니다.

마니교를 버리고 가톨릭 주교가 되었고, 가톨릭의 많은 신학적, 철학적 문제들을 해결하려 했죠.

아우구스
티누스

사회자
> 구체적으로 어떤 문제들을 해결하려고 했나요?

악은 왜 존재하는가, 인간은 어떻게 구원을 받을 수 있는가, 진리와 믿음 중 어느 것이 우선인가 같은 문제들에 대한 답을 찾았어요.

아우구스티누스

 그래서 아우구스티누스 님으로부터 중세 교부철학이 시작되었다고 합니다.
보에티우스 님, 정적으로부터 모함을 받고 감옥에 갇혔지요?

사회자

정치라는 게 무섭더군요. 내가 동로마제국과 내통했다고 모함을 해서 감옥에 들어갔습니다.

보에티우스

 너무 힘드셨겠어요.

사회자

운명이라는 게 그런 거지요. 행운이 왔다가도 불행이 오고, 불행이 왔다가도 행운이 오고.

보에티우스

 동양에서는 그것을 '인생지사 새옹지마'라고 합니다.
인생의 화와 복은 알 수 없으니, 매사에 일희일비하지 말라는 말입니다.

사회자

동양이나 서양이나 사람 사는 것은 똑같군요.
나는 감옥에 갔지만, 감옥에 갔기 때문에 철학의 여신을 만날 수 있었고 신심이 더욱 깊어질 수 있었어요. 그리고 『철학의 위안』이라는 책도 쓸 수 있었고요.

보에티우스

 『철학의 위안』을 '위대한 옥중서'라고들 합니다.

사회자

그러고 보면 내가 감옥에 갇힌 것이 불행만은 아니었군요, 하하하. 그래도 힘들었어요.ㅠㅠ

보에티우스

 오늘은 다소 경건한 분위기의 인터뷰였습니다. 이만 마치겠습니다.

사회자

유일하게 터번을 쓴 철학자

아베로에스는 12세기 스페인 철학자로 라파엘로의 「아테네 학당」 그림에 터번을 쓴 모습으로 등장한다. 당시 이탈리아 지역은 이슬람 문명권이었고, 아베로에스는 이슬람 신자였다.

스페인의 아랍계
철학자이자 의학자

'이븐 루시드'라고도 함

아베로에스(Averroes, 1126~1198)

중세로 넘어오면서 유럽에서 그리스 고전문헌과 철학 전통이 대부분 사라졌다. 아베로에스는 이슬람 세계에 남아 있던 아리스토텔레스 문헌을 라틴어로 번역해 유럽으로 전했다.

중세유럽

플라톤, 아리스토텔레스가
누구임?

번역본

이슬람

그걸 모르네.
옛다!

아리스토텔레스 광팬
모든 저서에 주석 씀.

당시 '신학이냐 철학이냐', '신앙이냐 이성이냐'는 매우 오래된 문제였다. 중세뿐 아니라 근대, 현대까지 이어져 내려오는 문제이기도 하다.

아베로에스는 신앙보다 이성, 신학보다 철학을 우위에 놓았다. 신학에서는 진리가 비유로 표현되지만, 철학에서는 진리가 이론의 모습으로 드러난다. 따라서 철학적 성찰을 통해 신의 뜻을 더 잘 알 수 있다고 생각했다.

아베로에스는 철학(이성 진리)과 신학(계시 진리)이 충돌한다면 신학을 수정해야 한다고 주장했다. 이슬람 신학자, 기독교 신학자 들에게 엄청난 비난을 받았다(심지어 감금을 당하는 박해를 받기도 했다).

한마디 :

아베로에스가 없었다면 서양철학이 지금과 달라졌을 수 있다.

시칠리아의 벙어리 황소 ────────

토머스 아퀴나스는 이탈리아 로카세카에서 백작의 9남매 중 '7번째로 태어났다. 가족들은 그를 불과 6,7세에 수도원으로 보내버렸다. 장차 명예와 권력을 쥘 몬테카시노 대수도원의 수도원장이 되길 바랐기 때문이다.

토머스 아퀴나스
(Thomas Aquinas, 1224/25?~1274)

14세에 부모 몰래 신생 탁발수도회인 도미니코 수도회에 들어갔다. 가족들은 그를 납치해 로카세카 성에 감금했지만, 토머스는 1년 동안 뜻을 굽히지 않았고 결국 가족들은 손을 들었다.

교회재산 없이 자선금과 노동으로 생활하는 수도회

도미니코 수도원에서 토머스는 '시칠리아의 벙어리 황소'로 불렸다. 낯을 가리고 말이 어눌했으며(말 더듬이였다는 설도 있다) 과묵했다. 배가 엄청 나와 책상에 반원 모양의 홈을 팠다는 설도 있다(근거 없는 얘기란 말도 있다).

당대 지성이었던 스승 알베르투스는 토머스 아퀴나스에 대해 이렇게 예언했다.

토머스가 후에 파리대학 신학 교수로 취임할 땐, 취임 강연장에서 폭력사태를 막기 위해 프랑스 왕의 군대가 삼엄한 경호를 펴기도 했다.

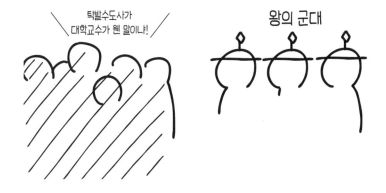

어릴 때 영민하지만 과묵해 '시칠리아의 벙어리 황소'로 불리던 토머스는 반대 측을 조목조목 비판하며 당대 최고 신학자로 각광을 받기 시작했다.

토머스는 대표작 『신학대전』을 집필하고 쉬운 입문서라고 했지만, 이는 말도 안 된다. 수백 쪽짜리 책이 100권이나 되는 전집이다. '신은 존재하는가'라는 인류의 오랜 질문에 대해 우주론적 신 존재 증명을 내놓았다.

어떤 사건의 원인을 찾고, 또 그 원인 사건의 원인을 찾는 과정을 반복하다 보면, 결국 모든 것의 원인이 되는 최초의 사건이 있을 것이다. 이것이 바로 부동의 원동자(The Unmoved Mover), 즉 신이다.

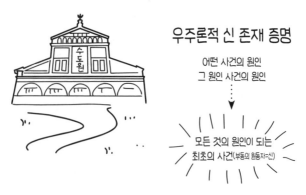

토머스 아퀴나스는 신학의 지위를 철학 위에 올려놓았다. 철학을 완전히 무시한 건 아니고, 둘은 서로 같은 진리를 공유할 수 있고, 신학이 철학에 의해 증명되고 더욱 체계화될 수 있다고 여겼다.

~ 철학과 신학이 만났을 때 ~

사회자

아베로에스 님은 스페인 분인 줄 알았는데 터번을 쓰고 계시네요.

당시 스페인은 이슬람 문명권이었고, 난 이슬람교도예요. 터번이 아주 편합니다.

아베로
에스

사회자

아베로에스 님은 아리스토텔레스 님을 열렬히 사랑했다면서요.

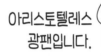

아리스토텔레스의 책을 읽다가 너무 감명을 받아서 다 라틴어로 번역을 했어요. 무려 26년이 걸렸어요.

아베로
에스

사회자

이슬람교의 코란을 믿으면서 아리스토텔레스 철학을 받아들이는 것이 쉽지는 않았을 텐데요.

코란과 아리스토텔레스 철학이 다른 것 같지만, 사실은 그렇지 않아요. 달라 보이는 이유는 코란에서는 진리가 비유로 표현되지만, 철학에서는 진리가 이론의 모습으로 드러나기 때문이죠. 본질적으로는 다른 게 아니에요.

아베로
에스

사회자

하지만 코란과 아리스토텔레스 철학이 충돌하는 부분도 있잖아요.

그런 경우에 나는 코란에 대한 해석을 수정해야 한다고 봅니다. 물론 이렇게 말했다가 이슬람 신학자들한테 많이 비판을 받았어요. 기독교 신학자들한테도요.

아베로
에스

사회자

그나저나 토머스 아퀴나스 님은 소문대로 상당한 거구시군요.

후대 사람들도 그걸 알았나요? 하하하, 내가 조금 많이 먹습니다.

토머스
아퀴나스

사회자

토머스 님은 가톨릭을 믿으시죠? 그런데 아리스토텔레스 팬이 되었다면서요. 그러면 아베로에스 님과 비슷한 고민을 가지고 있었을 것 같은데요.

그렇습니다.
나는 기독교와 아리스토텔레스 철학을 어떻게 조화시킬 수 있을까를 고민했죠. 대부분 기독교와 철학의 진리가 일치합니다. 하지만 만약에 일치하지 않는다면, 나는 철학의 진리를 수정해야 한다고 생각합니다. 철학은 결국 신학의 시녀일 뿐이니까요.

토머스
아퀴나스

그건 니랑 생각이 다르군요. 나는 신학보다 철학이 우위에 있다고 생각합니다.

아베로
에스

사회자

철학과 신학의 문제는 21세기까지도 여전히 논의되는 문제입니다.

그때까지도 정리가 안 되었다고요?

아베로   토머스
에스   아퀴나스

그나저나 사회자 님이 아리스토텔레스 님과 인터뷰를 했다고 들었는데요. 혹시 아직 여기에 계신가요?

아베로
에스

사회자

앞 페이지에 가시면 아직 계실 겁니다.

빨리 가 봅시다.

아베로
에스

좋습니다. 드디어 아리스토텔레스 님을 만나게 되는군요.

토머스
아퀴나스

천년을 매달린 보편논쟁 _____

중세에 가장 핫이슈였던 보편논쟁은 3세기 무렵 시작되어 12세기를 거쳐 15, 16세기까지 무려 천년 넘게 이어졌다.

보편논쟁이란 '보편자는 존재하는가'라는 질문을 둘러싸고 벌어진 논쟁이다. 나, 트럼프, 마돈나는 개별자이고, 이들 모두를 가리키는 '인간'은 보편자이다. 보편자란 개별자들이 공통적으로 갖고 있는 것이다.

보편논쟁이 왜 천년 넘게 치열하게 벌어졌을까? 종교적 입장에서 보면, 중세 보편논쟁은 일종의 정치적 권력투쟁으로 볼 수 있다.

중세 교회의 중심은 로마 교황청이었다. 그런데 11, 12세기 상업과 도시가 발달하면서 곳곳에 작은 교회들이 생겨났고, 이들은 점점 로마 교황청에서 벗어나려 했다.

교황청은 자신들이 보편교회로서 작은 교회들의 중심이고, 따라서 모든 권력이 보편교회로부터 나온다고 주장했다.

교황청 입장에서는 보편자가 존재해야 인간이 원죄를 가진 것, 예수가 인간을 구원한 것, 성부와 성자와 성령이 하나라는 것이 성립될 수 있었다.

11세기 이탈리아 귀족 안셀무스는 23세에 집을 떠나 영국 캔터베리의 대주교가 되었다. 스콜라 철학의 창시자로 교황의 권위를 강조했다. "가장 보편적인 것은 가장 실재적이며 완전한 것이다. 신은 실재이며 완전한 보편자로서 존재한다."

안셀무스
(Anselm of Canterbury, 1033/34?~1109)

나, 트럼프, 마돈나 같은 개별자 말고, 인간이란 보편자가 따로 존재한다는 게 실재론이다. 이들이 각기 다른 개별자임에도 같은 인간일 수 있는 것은 보편자에 속하기 때문이다.

12세기 초 프랑스 철학자 로스켈리누스는 보편자는 없고 그냥 말일 뿐이라는 유명론을 주장했다. 가톨릭 일부에선 그를 파문해야 한다고 했다.

로스켈리누스
(Roscellinus, 1050?~1126?)

12세기 아벨라르두스는 보편자가 존재하긴 하는데, 현실 너머가 아니라 개별자 안에 있다는 절충안을 내놓았다. 인간이라는 보편자는 나, 트럼프 같은 개별자 안에 있기에, 개별자가 사라지면 인간이라는 보편자도 사라진다.

온건실재론

피에르 아벨라르두스
(Peter Abelardus, 1079 ~ 1142)

13세기 둔스 스코투스와 14세기 오컴의 윌리엄이 유명론을 지지하고 나섰다. 특히 오컴의 윌리엄은 온건실재론을 가리켜 실재론과 유명론의 짜깁기 버전이라고 비판했다.

둔스 스코투스
(Duns Scotus, 1266~1308)

오컴의 윌리엄

아벨라르두스

오컴의 윌리엄은 차라리 기독교와 철학을 분리하고, 기독교는 기독교대로 믿고, 철학에선 유명론을 받아들이는 것이 더 바람직하다고 주장했다.

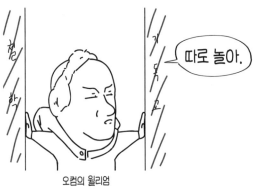

오컴의 윌리엄

∿ 보편논쟁 파이널리그? ∿

사회자

> 중세에 가장 큰 논란이 되었던 보편논쟁과 관련하여 10분 토론을 하겠습니다. 먼저 안셀무스 님으로부터 실재론의 입장을 들어보죠.

난 가톨릭 주교

보편자는 존재해야 해요. 그래야 보편교회의 문제, 죄와 구원의 문제, 삼위일체의 문제가 다 해결돼요. 신학과 철학이 완벽하게 맞아떨어지게 되죠.

안셀무스

보편자라는 게 어디에 있나요?

인간이라는 보편자가 있다면, 그것은 이탈리아에 있나요, 프랑스에 있나요? 이탈리아에 있다면 프랑스에 사는 나에게는 보편자가 없다는 건가요?

로스켈리누스

그런 논리는 억지예요. 보편자는 시간과 공간에 얽매이는 게 아닙니다.

안셀무스

시간과 공간에 얽매이지 않는 것을 어떻게 존재한다고 할 수 있죠? 보편자라는 것은 그냥 이름일 뿐이에요. 나는 유명론을 지지합니다.

로스켈리누스

보편자가 그냥 이름일 뿐이라면, 어떻게 플라톤과 아리스토텔레스가 인간일 수 있죠? 인간이라는 보편자가 있으니, 이 둘이 인간일 수 있는 거 아닙니까? 실재론이 맞아요!

안셀무스

싸우지 마세요. 내가 대안을 낼게요.
아벨라르두스

잠깐, 아벨라르두스 님, 혹시 어린 여제자와 야반도주하셨던 분 아니에요? 나중에 걸려서 거세까지 당했다는…

안셀무스

131

아니, 그런 걸 왜 여기서 이야기합니까? 너무한 거 아닙니까?

아벨라르
두스

사회자
아, 모두들 진정하시고요. 토론에서 사적인 이야기는 하지 마세요. 그리고 아벨라르두스 님과 엘로이즈 님의 사랑은 후대 예술가들에게 많은 영감을 주었다고들 합니다.

보편자는 존재합니다. 그런데 시간과 공간을 초월해서 존재하는 것이 아니라, 그냥 개별자 속에 있어요. 사회자 님에게도, 내 속에도 인간이란 보편자가 있습니다. 이것이 온건실재론인데요. 그렇게 보면 모든 게 해결될 것 같아요.

아벨라르
두스

(갑자기 객석에 있던 오컴의 윌리엄이 소리친다.)

실재론과 유명론의 짬뽕일 뿐이야!

사회자
윌리엄 님의 인터뷰는 다음 시간인데, 여기에서 이러시면 안 됩니다.

보편자는 그냥 시공을 초월해서 존재하는 겁니다.

안셀무스

아니라니까요. 그냥 이름일 뿐이라니까요.

로스켈리
누스

개별자 안에 존재한다고 보면 다 해결되는데, 왜들 싸우죠?

아벨라르
두스

사회자
자~, 모두들 흥분하지 마시고요. 중세 천년 동안의 논쟁이 여기서 해결될 거라고 기대하진 않았습니다. 하지만 이렇게 과열될 거라고는 미처 생각지 못했네요. 서둘러 마치겠습니다.

면도날을 휘두른 철학자

중세를 흔히 '철학의 암흑기'라고 하지만, 그렇다고 철학자가 없진 않았다. 중세 철학자 빅3 중 한 명이 바로 오컴의 윌리엄이다.

중세 철학자 빅3

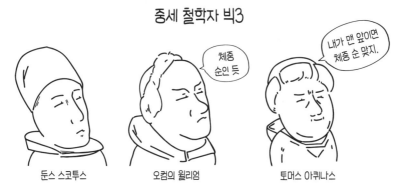

둔스 스코투스

오컴의 윌리엄

토머스 아퀴나스

오컴의 윌리엄은 14세기 잉글랜드 프란치스코회의 탁발수도사이자 신학자다. 교황청은 교회와 사제의 무소유를 주장하는 그를 눈에 가시처럼 여겼다. 박해를 피해 아비뇽을 탈출, 루드비히 4세의 신성로마제국으로 망명했다.

잉글랜드 작은 마을 오컴 출신   오컴의 윌리엄(William of Ockham, 1285~1347)

13, 14세기 로마교회는 힘을 잃고 있었고 자연과학이 발전하면서 신의 존재 규명 문제로 시끄러웠다. '오컴의 면도날'은 두 가지 원칙을 제시한다.

1. 어떤 현상을 설명할 때 불필요한 가정을 해서는 안 된다.

불필요한 가정은 버려!

2. 어떤 현상을 설명하는 여러 이론들이 있다면, 그중에서 가장 단순한 이론
   이 옳을 가능성이 높다.

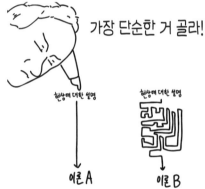

가장 단순한 거 골라!

오컴의 면도날은 근대 영국 경험론의 원칙이 되었다. 또한 철학과 신앙의 영역
을 나눠버림으로써 서양이 중세를 지나 근대의 문을 여는 데 영향을 미쳤다.

그만 좀
미세요.

∽ 오컴의 윌리엄과의 단독 인터뷰 ∽

사회자

이번엔 오컴의 윌리엄 님과의 단독 인터뷰입니다. 윌리엄 님은 앞서 보편논쟁에서 객석에 있다가 끼어드셨는데요, 하하하.

죄송합니다. 잠깐 흥분해서요.

윌리엄

사회자

왜 그렇게 흥분하셨나요?

겁내지 마시고요∽

나는 왜 사람들이 자꾸 불필요한 실재를 덧붙이는지 모르겠어요. 보편자 같은 거 없어도 삼위일체나 구원의 문제 같은 거 설명할 수 있어요. 자꾸 복잡하게 설명하면 안 돼요. 단순한 게 진리입니다.

윌리엄

사회자

예를 들어줄 수 있나요?

내가 죽고, 300년쯤 후 천동설·지동설 논쟁이 있었다고 하더라고요. 자료를 꼼꼼히 읽어봤는데, 역시 내 생각이 맞았다는 걸 확인했습니다.

윌리엄

사회자

어떤 점에서요?

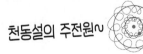 천동설의 주전원∽   지동설

천동설을 받아들이면 천체의 운동이 굉장히 복잡해 보입니다. 행성이 원운동 속에 원운동을 해야 해요. 이것을 주전원이라고 하죠. 그런데 지동설을 받아들이면 천체의 운동이 단순해 보입니다. 불필요한 주전원 같은 거 필요없고요.

윌리엄

135

사회자: 그러면 보편논쟁에서 보편자를 면도날로 자르듯, 천체운동에서 주전원을 자르자는 말씀인 가요?

자르는 중

윌리엄: 그렇습니다.

사회자: 간단하네요.

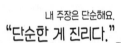

내 주장은 단순해요.
"단순한 게 진리다."

사회자: 사실 지동설을 받아들여도 (당시의 설명으로는) 주전원이 필요하긴 한데, 윌리엄 님이 설명을 쉽게 하기 위해서 지동설에서는 주전원이 필요없다고 한 것은 감안해서 받아들였으면 좋겠습니다.

윌리엄: 이해해 주셔서 고맙습니다.

사회자: 영국의 경험론자들이 대체로 윌리엄 님의 '오컴의 면도날'을 받아들였습니다. 다음 시간에 미니멀리스트 선발대회가 있는데, 심사위원을 맡아줄 수 있을까요?

윌리엄: 네, 좋습니다~.

Part

6

격어봐야 안다는
철학

근대의 문을 연 영국의 자존심

16, 17세기는 과학혁명의 시대였다. 유럽은 중세 종교적 세계관에서 근대 기계론적 세계관으로 옮겨가게 된다. 이에 크게 기여한 사람이 바로 프랜시스 베이컨이다.

16, 17세기
과학혁명 시대

프랜시스 베이컨(Francis Bacon, 1561~1626)

베이컨은 영국 경험론의 개척자로 데카르트와 함께 근대철학의 문을 연 철학자로 손꼽힌다. 자작 작위를 받았으며 변호사, 검찰총장, 대법관까지 되었으나 뇌물사건으로 다 잃었다가 특별사면이 되기도 했다.

데카르트

자작님은
묵비권
행사 중

베이컨

"아는 것이 힘이다." 베이컨의 이 말은 16, 17세기 근대 과학혁명 시대의 분위기를 잘 보여주고 있다. 인간이 관찰과 실험을 통해 자연을 이해하고 지배할 수 있다고 믿었다.

백만 하나,
백만 둘…

아는 것이 힘!

베이컨은 근대 과학혁명 시대에 중세적 사고에서 벗어나서 올바른 지식을 얻기 위해서는 4가지 우상을 파괴해야 한다고 주장했다.

종족의 우상은 우리가 인간의 입장에서 세상을 보기 때문에 가지게 되는 편견이다.

동굴의 우상은 평생을 장원에서 살았던 중세 사람들처럼, 나의 경험에 비추어 세상을 판단하는 선입견과 편견을 말한다.

시장의 우상은 인간이 사용하는 언어 때문에 생기는 편견이다. 어떤 말(개념)에 대응하는 실재가 존재한다는 착각에 빠지게 된다.

내가 실제로 있을까?

시장의 우상

용, 봉황, 혼, 도깨비…

극장의 우상은 전통이나 권위에 대한 맹목적 믿음으로 인해 생기는 편견이다. 중세 천년 아리스토텔레스의 우주론에 대한 맹신 같은 것 말이다.

극장의 우상

아리스토텔레스 님이 주장했대.

베이컨은 이러한 4가지 우상을 깨뜨리고 중세적 사고에서 벗어나서 객관적 진리를 추구해야 한다고 한다. 그런데 객관적 진리를 어떻게 추구하지? 베이컨은 객관적 진리인 과학을 연구하는 새로운 방법론으로 귀납법을 제안했다.

근대에 맞는 과학 연구방법론이 필요해.

귀납법으로 가즈아~

귀납법은 개별 현상에 대한 관찰과 경험을 통해서 일반화된 법칙을 이끌어 낸다.

뭐가 보이나?

나도 천문학을 연구했어. 라떼는 과학자이자 철학자인 사람들이 많았지.

이를테면 소크라테스도 죽고, 플라톤도 죽고, 아리스토텔레스도 죽고, 칸트도 죽는다는 개별 사실로부터 "모든 사람은 죽는다"는 일반법칙을 이끌어낸다.

소크라테스도 죽고

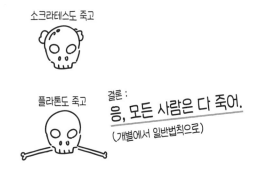

플라톤도 죽고

결론 :
응, 모든 사람은 다 죽어.
(개별에서 일반법칙으로)

과학과 귀납법은 떼려야 뗄 수 없다. 과학은 관찰과 실험을 통한 결과로부터 일반법칙을 도출하니까 말이다. 베이컨은 이처럼 우상론과 귀납법을 통해 17세기 경험론과 근대철학의 문을 열었다.

영국의 자존심

경험론

141

백지상태를 강조한 철학 —————————

로크와 데카르트가 살았던 17세기, 과학지식이 폭발적으로 늘어나다 보니
지식의 문제에 관심이 높아졌다.

프랑스인

지식은 어떻게 생겨나는가?
지식의 원천은 무엇인가?

영국인

데카르트
(René Descartes, 1596~1650)

로크(John Locke, 1632~1704)

데카르트는 지식의 원천을 '이성'으로 보았고, 로크는 '경험'이라고 보았다.
데카르트는 대륙 합리론, 로크는 영국 경험론의 출발점이 된다.

이성

대륙 합리론

경험

영국 경험론

데카르트는 인간은 태어날 때부터 수학적 원리, 도덕적 원리, 신·실체·자아
의 개념과 같은 본유관념을 가지고 있다고 한다.

날 때부터
머리가
꽉 참

응애 응애~

기본
장착

수학, 도덕
신·실체·자아

하지만 로크는 본유관념 같은 건 없다고 한다. 인간은 아무것도 없는 백지상태로 태어나고, 경험을 통해 관념과 지식을 습득하며 자신을 완성해간다. 그래서 로크를 '경험론의 아버지'라 한다.

로크는 『인간 오성론』에서 인간이 어떤 과정을 통해 지식을 습득하는가를 다룬다. 오성이란 그냥 '생각하는 능력'이라고 보면 된다.

단순관념은 우리 지식의 원재료다. 말, 날개 같은 것이 바로 단순관념이다. 그냥 주어진 것이기에 마음대로 거부하거나 변경할 수 없다.

우리의 오성이 단순관념을 결합하면 복합관념이 된다. 말과 날개라는 단순 관념이 결합되어 '날개 달린 말'이라는 복합관념이 만들어진다.

복합관념

날개 달린 말

복합관념에는 실체, 양태, 관계 등이 있다. 실체는 스스로 존재하는 개별자 이고, 양태는 실체의 부수물이며, 관계는 원인/결과 같은 것이다.

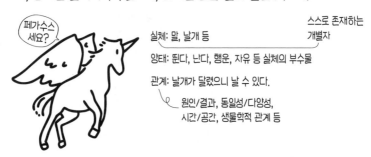

페가수스 세요?

실체: 말, 날개 등

스스로 존재하는 개별자

양태: 뛴다, 난다, 행운, 자유 등 실체의 부수물

관계: 날개가 달렸으니 날 수 있다.

원인/결과, 동일성/다양성, 시간/공간, 생물학적 관계 등

복합관념으로부터 지식이 나온다. 감각적 지식은 확실한 지식이 아니고, 논증 적 지식, 직관적 지식이 확실한 지식이다.

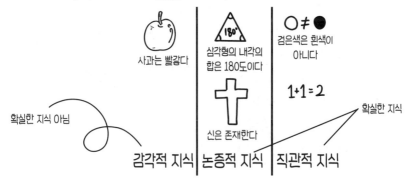

사과는 빨갛다

삼각형의 내각의 합은 180도이다

신은 존재한다

검은색은 흰색이 아니다

$1+1 = 2$

확실한 지식 아님

확실한 지식

감각적 지식 | 논증적 지식 | 직관적 지식

로크는 객관적 성질은 실체가 실제로 가지고 있는 성질이라고 보았다. 누가 관찰하든 똑같은 것이 객관적 성질이다.

객관적 성질

주관적 성질은 관찰자와 관찰조건에 따라 달라진다. 나의 관념 속에 나타난 것일 뿐이다.

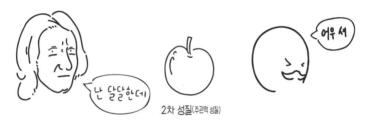

2차 성질(주관적 성질)

로크는 사과가 객관적 성질을 갖고 있다는 것은, 그 사과가 실제로 존재한다는 것을 보여준다고 생각했다. 이처럼 사물이 의식 밖에 실제로 존재한다는 입장이 '실재론'이다.

로크   칸트

로크는 자연권 사상, 삼권분립 제도, 시민저항권 등 정치철학자로서 자유민주의 제도를 만드는 데도 큰 역할을 했다.

흑인 노예제를 옹호한 철학자

아일랜드 철학자 조지 버클리는 귀족 가문 출신으로, 한때 대학에서 그리스어를 가르쳤으나 후에 성공회 사제가 되었고, 1725년 선교를 위해 미국에 갔다가 돌아와 성공회 주교가 되었다.

조지 버클리(George Berkeley, 1685~1753)

유물론자는 물질만 존재한다고 생각한다. 우리의 의식, 정신, 생각과 욕구 같은 것은 뇌라는 물질에서 나오는 부산물일 뿐이라고 본다.

관념론자는 우리 눈에 물질처럼 보이는 것도 그저 우리 머리에 떠오른 관념일 뿐이라고 한다. 눈에 보이는 것은 가짜이고, 진짜로 존재하는 것은 관념일 뿐이다. 반면 데카르트 같은 이원론자는 물질과 정신 둘다 존재한다고 본다.

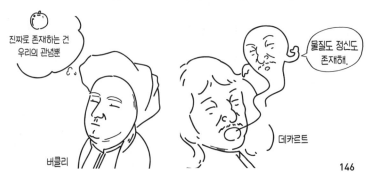

버클리는 '우리 뇌는 텅 빈 상태로 태어나고 경험을 통해서 관념이 생긴다'
는 로크의 입장을 받아들이되, 관념론 쪽으로 한발 더 나아간다. 그리고 우
리의 감각기관을 통해 지각되지 않는 것은 존재하지 않는다고 한다.

버클리는 주관적 성질과 객관적 성질을 구분할 수 없고, 모든 성질은 주관적
이라고 보았다.

또한 우리의 의식 밖에 존재하는 것은 없으며, 존재하는 것은 의식에 나타
난 관념일 뿐이라고 주장했다.

사람 좋은 데이비드, 까칠한 데이비드

영국의 철학자 데이비드 흄은 '사람 좋은 데이비드'라고 불렸다. 성격이 좋고 재밌어서 여성들에게 아주 인기가 많았는데 평생 독신으로 살았다.

사람 좋은 데이비드!
요리도 잘함

데이비드 흄(David Hume, 1711~1776)

철학자이자 역사가로서 집필한 『영국사』(6권)가 수십 년 동안 최고 베스트셀러가 되어 부자가 되었고 국무차관도 지냈다. 그러나 후덕한 인상과 다르게 그의 철학은 굉장히 까다롭다.

나는 까칠하게
쓰기로 했다.

흄의 철학은 세계와 인간에 대한 새로운 시각을 보여줬다. 그래서 후대의 많은 철학자들이 영감을 받았다고 한다.

뭐야?

헤겔

헤겔의 모든 책보다 흄이 쓴
한 페이지에 배울 것이 더 많았다.
쇼펜하우어

흄을 읽고 눈에서
비늘이 떨어졌다.
벤담

비늘

흄을 읽고 비로소
독단의 잠에서 깨어났다.
칸트

그때까지 서양철학은 이성을 중시해왔다. 그런데 인간이 정말 이성적 존재일까? 흄에 따르면, 인간은 무언가를 보거나 듣거나 겪을 때 그저 감정적 '인상'을 받을 뿐이다.

인상
우리가 지금 느끼고 있는 것

우리가 가지고 있는 관념도 인상으로부터 왔다. 관념이란 인상이 사라지고 난 후 떠올리며 생기는 지각이다.

아~ 하 바람!

관념
인상이 사라지고 난 후 떠올리며 생긴 지각

따라서 지식은 이성을 통한 추론이 아니라 경험을 통해 얻어진다. 흄은 경험론의 완성자로 불린다.

바람이 불면 춥네.

지식
경험에 의해 얻어짐

경험론자들은 기본적으로 미니멀리스트다. 내가 직접 경험한 것이 아닌 것, 나한테 꼭 필요한 것이 아닌 것은 다 갖다버린다.

영국 경험론의 원조인 오컴의 윌리엄은 보편자를 버리고, '인간'이라는 보편자가 존재하지 않는다는 유명론을 주장했다.

베이컨은 중세적 사고에서 벗어나기 위해 우상과 편견을 버리라고 했다.

로크는 인간이 가지고 태어난다는 본유관념을 버리고, 인간의 뇌는 백지상태로 태어난다고 했다.

버클리는 인간의 눈, 코, 입, 귀, 촉각으로 지각되지 않는 것을 버렸다. 그러고는 우리의 감각으로 지각되지 않는 것은 존재하지 않는다고 주장했다.

흄은 여기서 더 나아가 '지각되는 것도 존재하는 것이 아니다'라고 한다.

흄은 우리가 사과로부터 받는 '빨갛고 동그랗고 시큼하다'는 인상만 있을 뿐, 사과라는 '것' 자체는 존재하지 않는다고 한다. 우리가 지각하는 것은 사과가 아니라 빨갛고 동그랗고 시큼한 속성일 뿐이라는 것이다.

인상만 있을 뿐
사과라는 건 없어.

마찬가지로 나라는 존재도 기쁘고 슬픈 감정, 춥고 더운 감각 등만 있을 뿐, 나라는 것은 존재하지 않는다. 나라는 인간이 존재하는 것이 아니라, 기쁘고 슬프고 아픈 감정과 춥고 더운 감각 같은 것만이 존재할 뿐이다.

공포의
쓰레기 봉투

인간은 그저
지각의 다발일 뿐

눈 코
귀 혀 촉각

'나'란 것도
감정만 있을 뿐,
존재하지 않는대.

인간, 나란 존재가 그저 지각의 다발에 불과하다니…. 흄은 버리고 버리다가 결국 자기 자신까지 갖다버린 것이다. 흄의 철학은 이성을 중시해온 서양 철학에 반기를 들고 새로운 인간학의 물꼬를 텄다고 할 수 있다.

한 치수
더 큰 건 없나?

∾ 미니멀리스트 선발대회 ∾

사회자

최고의 미니멀리스트 선발대회입니다. 심사위원은 영국 경험론의 대부 오컴의 윌리엄 님입니다. 윌리엄 님, 심사기준을 말씀해 주시죠.

오컴의 면도날이 우리 영국 경험론의 전통이 되었다는 점에 자부심을 느낍니다. 심사기준은 누가 더 많이 버렸는지입니다.

윌리엄

사회자

네, 감사합니다. 먼저 경험론의 시초 베이컨 님의 말씀을 들어보죠.

백만 하나, 백만 둘…

학문을 하는 데 가장 중요한 것은 편견을 버리는 것이에요. 내가 살던 시대에 가장 큰 편견은 아리스토텔레스였죠. 아리스토텔레스의 말이라고 하면 아무런 비판도 없이 받아들였어요. 이런 우상을 없애야 합니다.

베이컨

사회자

또 다른 우상도 있나요?

당연히 있죠. 우리가 인간 중심으로 보기 때문에 생기는 우상도 있고, 언어를 사용하기 때문에 생기는 우상도 있고, 자신만의 선입견이나 편견 때문에 생기는 우상도 있죠. 이런 우상들을 없애야 진정한 학문을 할 수 있습니다.

베이컨

사회자

이번엔 로크 님의 말씀을 들어보죠.

백지상태   텅

프랑스 철학자 데카르트는 인간은 태어날 때부터 본유관념이 있다고 하지만, 나는 데카르트에 반대합니다. 사람은 본유관념 같은 거 없어요. 그냥 백지상태로 태어나요.

로크

사회자

그럼, 사람이 가지고 있는 지식은 전부 어디서 온 건가요?

그건 우리가 사물을 보고 듣고 만지는 경험으로부터 나옵니다. 그런데 언제나 똑같은 경험이 있고, 조건에 따라 달라지는 경험도 있죠. 예컨대 이 사과는 낮에 먹거나 밤에 먹거나 똑같은 맛이지만, 낮에는 빨간색으로 보이고 깜깜한 밤에는 검은색으로 보이죠.

로크

사회자

그게 무슨 의미가 있죠?

아주 좋은 질문인데요. 이 사과가 원래부터 가지고 있는 성질도 있고, 우리가 만들어낸 성질도 있다는 의미입니다.

로크

로크 님의 생각에 반대!

이 사과가 원래부터 가지고 있는 성질이 있다뇨? 그런 건 없어요. 이 사과는 우리가 경험을 해야 존재할 수 있습니다. '경험하지 않는 것은 존재하지 않는다'는 말이죠. 그래서 내가 "존재하는 것은 지각되는 것이다"라고 한 겁니다.

버클리

말도 안 돼요. 그러면 숲에서 아무도 보지 않은 나무는 존재하지 않는 겁니까? 경험을 하지 않으면 존재하지 않는다면서요.

로크

음, 그건….

사회자

버클리 님, 답변해 주시죠.

그것은 신이 경험하기 때문입니다. 신이 그것을 지각하고 있기 때문에 존재한다고 말할 수 있습니다.

버클리

사회자

역시 성공회 주교님다운 답변입니다, 하하하.

로크

흄

우리가 이 사과를 경험하고 있다고 생각하지만, 사실 우리가 경험하는 것은 빨갛고 동그랗고 시큼하다는 경험이지, 진짜 이 사과가 아닙니다. 사과라는 '실체'는 없어요.

(심사위원) 오컴

사회자

잠깐, 정리가 필요할 것 같네요.
로크 님은 어쨌든 이 사과에 객관적 성질이 있기 때문에 이 사과가 존재한다는 것이고, 버클리 님은 신이 지각하기 때문에 이 사과가 존재한다는 것인 반면, 흄 님은 이 사과라는 것은 존재하지 않는다는 말인가요?

네. 그렇습니다. 정리를 잘하네요.

흄

사회자

감사합니다, 하하하. (뿌듯)

그뿐만이 아니에요. 나라고 하는 존재도 사실은 기쁘고 슬픈 감정, 춥고 더운 감각 같은 경험만 있다 뿐이지, 나라고 하는 실체는 존재하지 않습니다.

흄

내가 존재하지 않는다니, 그건 좀 이상한데요.

로크

내 주장의 요지는 '오컴의 면도날'의 원칙을 적용하면, 결국 '아무것도 존재하지 않는다'는 결론에 도달할 수밖에 없다는 겁니다.

흄

사회자

그렇군요. 내가 존재하지 않는다니…. 그런데 딱히 반박할 수가 없네요. 윌리엄 님은 오늘의 토론을 어떻게 보셨나요?

내가 이해한 바로는 베이컨 님은 우상을 버리자고 했고, 로크 님은 본유관념을 버리자고 했고, 버클리 님은 지각되지 않는 것을 버리자고 했고, 흄 님은 자기 자신도 버리자는 거였죠. 맞습니까?

윌리엄

대체로 맞습니다.

베이컨　로크　버클리　흄

흄 님의 주장은 조금 어이없긴 하지만, 딱히 반박할 수도 없고, 또 불필요한 실재를 모두 제거했다는 점에서 진정한 미니멀리스트라고 할 수 있을 것 같습니다.

윌리엄

사회자

그러면 흄 님을 우승자로 하자는 말씀인가요?

그렇습니다.

윌리엄

이의 있습니다.
존재하지도 않는 사람이 어떻게 우승자가 됩니까?
<small>(자기 자신도 버렸다면서요.)</small>
로크

맞습니다.

버클리

사회자

심사위원은 윌리엄 님이니…. 윌리엄 님의 심사결과에 따라 흄 님을 오늘의 우승자로 선정하겠습니다. 흄 님께 이 '오컴의 면도날'을 드리겠습니다. 감사합니다.

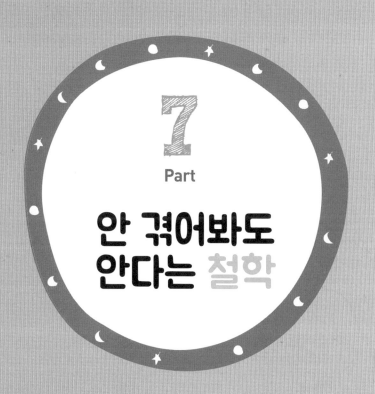

Part

7

안 겪어봐도
안다는 철학

근대의 문을 연 대륙의 지존심

17세기 유럽은 신과 교회의 권위가 크게 떨어지고, 신교와 구교 간의 30년 전쟁(1618~1648) 등으로 어수선하고 불안과 회의가 팽배했으며, 한편에서는 근대과학이 움트고 있었다.

17세기 유럽

권위가 낮아진 교회　　　　오랜 전쟁　　　　근대과학

이러한 시대에 데카르트는 보편성을 가진 확실한 지식, 절대적 진리를 찾고자 했다.

절대적 진리를 찾자.

르네 데카르트(René Descartes, 1596~1650)

데카르트는 절대적 진리를 찾기 위해 방법적 회의를 했다. 우리가 아는 것들을 의심하고 또 의심하며 절대적 진리를 찾으려 했다.

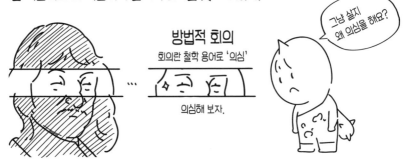

방법적 회의

회의란 철학 용어로 '의심'

의심해 보자.

그냥 살지 왜 의심을 해요?

먼저 시각·청각·후각·미각·촉각 등 우리의 오감으로 얻는 감각지식을 의심했다. 그리고 감각지식은 절대적 지식이 아닐 수 있다는 결론을 내렸다.

이번에는 수학과 기하학에서 얻는 보편지식을 의심했다. 그리고 보편지식도 진리가 아닐 수 있다는 결론을 내렸다.

2 더하기 3은 정말로 5인가?
사실은 6인데,
지금 꿈속이라서, 사악한 악마한테 속고 있어서
2+3=5라고
착각하고 있는 것일 수도.

의심하고 의심하고 의심할수록 확실해지는 것은 바로 '지금 내가 생각하고 있다'는 것뿐이다. 그런데 내가 생각할 수 있으려면 내가 존재해야 한다. 그러므로 "나는 생각한다, 고로 존재한다."

데카르트는 이처럼 생각하는 '나'의 존재를 증명한 다음, 신의 존재를 증명하고, 우리를 둘러싼 세계의 존재를 증명하고자 했다.

그러니 현실세계는 존재해.

데카르트는 신이 존재한다면 수학과 기하학의 보편지식도 진짜이고, 우리가 얻는 감각지식도 진짜이며, 육체를 가진 나도 진짜로 존재한다고 결론을 내린다.

철학에서 실체(sub-stance)란 '어떤 것에 의존하지 않고, 스스로 존재하는 것'을 말한다. 데카르트는 실체를 신, 정신, 물질이라고 봤다.

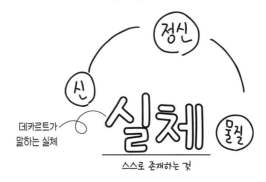

데카르트는 신은 누가 만든 것이 아닌 무한실체이고, 신이 창조한 물질과 정신을 유한실체라고 한다.

유한실체 중에서 물질은 공간을 차지하는 연장 속성을 가지고, 정신은 생각하는 사유 속성을 가진다.

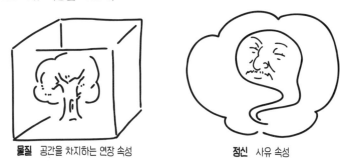

물질 공간을 차지하는 연장 속성　　　　　**정신** 사유 속성

인간의 몸과 마음은 분리되어 있고, 각각 따로 존재한다. 둘은 두뇌의 송과선이라는 곳에서 만나 신호를 주고받는다. '커피를 먹고 싶다'는 생각을 하면 그 신호가 송과선을 통해 몸으로 전달되어 팔이 입으로 커피를 가져온다.

인간은 몸과 마음이 결합된 존재로서 자유의지를 가진 영적 존재지만, 물리법칙을 따르는 기계적 존재이기도 하다. 다시 말해 인간은 영혼이 들어 있는 기계 속의 유령인 것이다.

인간은
기계 속의 유령

데카르트가 살던 과학혁명의 시대, 로마 교회는 과학자들을 탄압했다.

어…지동설은 그냥 가설일 뿐…

코페르니쿠스(1473~1543)
『천구의 회전에 관하여』의 서문

지동설… 철회할게요.

갈릴레오(1564~1642)
종교재판에서

그… 우주는 무한

범신론자 브루노(1548~1600)
주장을 철회하지 않아 화형당함

계속 말해 봐!

로마교회

이런 시대에 데카르트는 정신과 물질의 영역을 나눠 버림으로써,

물질 영역과
정신 영역을 나눠!

신학은 정신과 신의 영역에 남겨두고, 과학자들은 물질의 영역에서 종교재판이나 화형대를 무서워할 필요 없이 물질로서의 과학과 인간을 탐구할 수 있게 했다. 이렇게 해서 나타난 것이 근대의 기계론적 세계관이다.

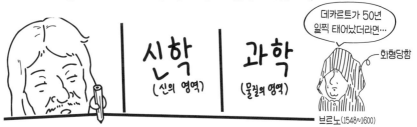

근대의 기계론적 세계관은 우주는 원인과 결과에 따른 질서가 있고, 인간이 수학이나 과학적 관찰로 이 세계를 완벽하게 알 수 있다는 것이다. 근대철학뿐 아니라 과학, 경제학 등의 발전에 영향을 미쳤다.

한마디 :
철학이 사람의 목숨을 구하기도 한다.

렌즈를 깎는 철학자

17세기 네덜란드에 살던 25세의 유대인 청년 스피노자는 신의 존재를 부정했다는 이유로 유대 교회로부터 파문당했다.

유대교회

하느님의 저주가 내릴 것이다.
스피노자와 말도 하지 마.

나가!

바뤼흐 스피노자(Baruch Spinoza, 1632~1677)

결국 스피노자는 암스테르담 근처 작은 마을의 외딴집에서 렌즈 깎는 일로 생계를 유지하다가 44세의 젊은 나이에 폐병으로 죽었다.

콜록 콜록

후에 독일 하이델베르크대학에서 철학 교수로 오라고 했지만 거절했다. 17세기 유럽 교회에서 파문을 당하면 삶이 힘들었을 텐데 소신을 지키며 아웃사이더로 살았다.

아웃사이더

렌즈 깎는 철학자

스피노자는 실체는 그냥 하나뿐이라고 한다. 그것이 바로 신이다. 그는 무신론자였기 때문에 이때의 신은 '자연'이라고 할 수 있다. 자연이 곧 신이라는 범신론적 입장이다.

자연이라는 하나의 실체가 연장 속성과 사유 속성의 모습으로 변하면서 물질과 정신이 나타난다.

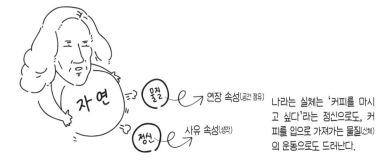

데카르트는 물질과 정신이 각각 따로 존재하며 서로 상호작용을 한다고 한 반면, 스피노자는 물질과 정신은 하나인 실체의 다른 모습이므로 둘은 병행해서 같이 움직인다고 보았다.

취미로 미분을 발명한 철학자

서양사상사에서 17세기는 천재들의 시대였다. 이들로 인해 철학, 수학, 천문학, 물리학이 급격하게 발전했다.

17세기 천재들

데카르트(1596~1650)   스피노자(1632~1677)   갈릴레오(1564~1642)   라이프니츠(1646~1716)   뉴턴(1643~1727)

17세기 천재들의 끝판왕이 바로 독일의 철학자이자 수학자인 라이프니츠다.

고트프리드 빌헬름 라이프니츠
(Gottfried Wilhelm Leibniz, 1646~1716)

뉴턴

라이프니츠는 미적분을 고안했고, 수리논리학의 기초를 닦았으며, 무의식 개념을 처음으로 내놓았고, 신 존재 증명을 새롭게 다듬었으며, 라이프니츠 계산기를 만들었다.

독일의 라이프니츠   영국의 뉴턴

라이프니츠는 현실정치에 참여했고 법률과 사회제도 개선에도 관심이 많았
다. 독일에 위협이 되던 프랑스의 관심을 다른 곳으로 돌리려고, 프랑스로 가
서 외교활동을 하며 이집트를 침공하라고 부추기기도 했다.

라이프니츠는 세계가 신의 계획과 목적에 의해서 움직인다고 보았다.

모든 것은 존재하는 이유가 있고, 모든 사건은 그 사건이 벌어진 이유가 있
다. 트럼프가 태어난 이유가 있고, 대통령이 된 데에도 이유가 있다.

또한 신은 모든 사건을 이미 예정해 놓았다. 이것이 예정조화설이다.

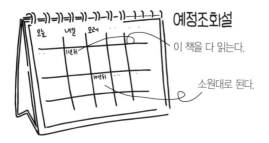

악도 존재하는 이유가 있다. 사기, 가난, 질병, 전쟁 같은 개별적인 악들이 있어야 전체적으로 조화를 이루게 된다는 것이다.

라이프니츠는 우리가 사는 이 세계는 신이 창조할 수 있는 가능세계 중에서 최선의 세계라고 한다. 근데 당시(1755년) 포르투갈 리스본에서 대지진이 일어나 건물의 85%가 무너지고 화재와 해일로 수만 명이 죽었다. 프랑스의 계몽주의자 볼테르는 "이게 신이 선택한 최선의 세계냐?"라고 반문했다.

라이프니츠는 세계가 기계적이고 논리적인 메커니즘에 의해 움직인다고 보고, 기계론적 세계관과 형이상학적 세계관을 통합하려 했다. 그 과정에서 나온 것이 바로 모나드다.

라이프니츠는 세계를 구성하는 최소 단위의 실체가 있다고 가정하고, 그것에 '모나드'라는 이름을 붙였다.

세계는 무한한 수의 모나드로 구성되어 있다. 그런데 모나드는 서로 영향을 주고받지 않는다. 그는 이것을 이렇게 표현했다. "모나드는 창이 없다."

모나드는 하나의 소우주이고, 모나드로 구성된 세계가 바로 대우주다. 또한 모나드는 물질은 아니지만 물질처럼 운동을 하며, 모나드의 운동은 신의 계획과 목적에 의해서 내적조화를 이룬다.

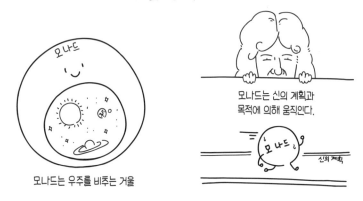

모나드는 우주를 비추는 거울

모나드는 신의 계획과 목적에 의해 움직인다.

라이프니츠는 뛰어난 천재였지만 먹고사니즘을 벗어나지 못했다. 그는 귀족 족보학 연구로 먹고살았다.

잘사는 귀족가문

오늘날까지 우리를 놀라게 하는 수학, 물리학, 공학 업적들은 취미로 연구한 것들이라고 한다.

헐… 취미로?

이런 천재가 귀족 족보학으로 먹고살다니….

010100101
이진법 발명

컴퓨터의 할아버지

5분뚝딱인터뷰

∾ 대륙의 합리론자들 ∾

사회자
> 대륙의 합리론자들을 모셨습니다.

안녕하세요.

스피노자 라이프니츠

꾸벅꾸벅
데카르트

사회자
> 데카르트 님, 데카르트 님.

(황급히 일어나며) 아, 네, 안녕하세요.

데카르트

사회자
> 데카르트 님이 잠이 많다는 것이 소문만은 아니었군요.

원래 오전에는 침대에 누워 있어야 하는데….
침대에 누워 있는 시간이 많았기 때문에 좌표계를 발견할 수 있었어요. 누워 있는데 천장에 파리가 한 마리 왔다 갔다 하는 겁니다. 저 파리의 위치를 어떻게 정의할 수 있을까 고민하다가 좌표계를 생각해냈지요. 하하하.

데카르트

사회자
> 그렇군요. 근대 철학의 주요 논제는 실체에 관한 것이라고들 하는데요.

실체란 독립적으로 그 자체로서 존재할 수 있는 것이죠. 그러니 신은 실체죠. 신은 홀로 존재할 수 있는 유일한 존재자니까요. 참, 신이 창조한 물질과 정신도 실체입니다.

데카르트

사회자
물질과 정신이 실체라면, 물질 없이도 정신이 존재할 수 있다는 말인가요?

그렇습니다. 사람의 몸과 마음은 각각 따로 존재합니다.
 데카르트

인간은 기계 속의 유령

 사회자
그런데 사람의 몸과 마음은 서로 영향을 주고받잖아요. 이게 어떻게 가능하죠?

사람의 몸과 마음의 신호가 두뇌의 송과선이라는 곳에서 만납니다. 그래서 몸과 마음이 일치할 수 있는 겁니다.
 데카르트

실체라는 것이 콜록! 어떻게 그렇게 많을 수 있어요?
신, 물질, 정신. 이 모든 것이 실체라는 것은 맞지 않는 것 같습니다. 콜록 콜록.
 스피노자

 사회자
기침이 심하신데, 불편한 데라도….

렌즈 깎는 일을 하느라…,
콜록 콜록

 사회자
그렇군요. 몸조리 잘하시고요. 그러면 스피노자 님은 실체가 무엇이라 생각합니까?

실체는 자연 전체입니다, 콜록. 그것을 신이라고 할 수도 있고요.
 스피노자

사회자

스피노자 님은 무신론자라고 유대교회에서 파문까지 당한 걸로 알고 있는데요.

스피노자

내가 말한 신을 유대교의 유일신이라고 하기는 어려운데요…. 그래서 파문까지 당했는데…, 그렇다고 내가 말한 신이 유일신과 전혀 다르다고 할 수도 없고….

사회자

아…. 그래서 스피노자 님에 대한 여러 해석이 있는 것 같습니다. 그러면 물질과 정신은 뭡니까?

스피노자

물질과 정신은 실체가 아니라, 자연이라는 실체가 드러나는 속성일 뿐이에요. 즉, 자연은 물질로도 정신으로도 드러납니다. 이렇게 보면 '몸과 마음이 어떻게 만나느냐'라는 문제가 해결되죠. 송과선이니 뭐니 필요가 없어요.

사회자

데카르트 님은 이 점에 대해 어떻게 생각하나요?

쿨-쿨-쿨

사회자

또 주무시고 계시네요. 라이프니츠 님이 말씀해 주시죠.

라이프
니츠

송과선 같은 건 말도 안 되죠. 나도 실체는 하나라고 생각합니다.

사회자

그러면 물질이 실체인가요, 정신이 실체인가요?

라이프
니츠

둘 다 아니에요. 실체는 모나드입니다. 모나드란 더 이상 쪼개질 수 없는 것을 말합니다.

사회자

그렇다고 몸과 마음이 어떻게 만나느냐 하는 문제가 해결된 것 같진 않은데요?

그렇지 않아요. 신이 모나드의 운명을 이미 다 결정해 놓았어요. 그래서 몸과 마음이 일치할 수 있습니다. 마치 시계가게 주인이 시계들의 시간을 다 맞추어 놓은 것과 같죠. 시계들 끼리 영향을 주고받지 않아도, 모든 시계가 시간이 다 맞을 수 있잖아요.

라이프
니츠

물질과 정신, 몸과 마음의 문제는 21세기에 심리철학이라는 이름으로 다양한 논의가 되고 있습니다. 이 문제를 최초로 내놓은 철학자가 바로 여기 데카르트 님인데요.
아, 일어나셨군요. 데카르트 님, 마지막으로 한 말씀 해주시죠.

사회자

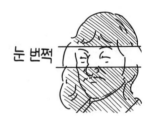

눈 번쩍

사실 아무한테도 말하지는 않았지만, 내가 물질과 정신을 구분한 이유는 과학과 신학을 분리하기 위한 목적도 있었습니다. 그땐 과학자들이 신학으로부터 탄압을 받았거든요.

데카르트

아무튼 오늘 실체가 뭔지 알 수 있는 인터뷰였던 것 같아요. 모두들 감사합니다.

사회자

Part

8

칸트의 종합,
그후의 철학

코페르니쿠스적 전환

칸트는 프로이센 쾨니히스베르크의 아버지가 마구 기술자인 서민 집안에서 태어나 가정교사로 먹고살았다. 후에 시간강사로 대학에서 강의를 하기도 했다.

난 서민 출신

쾨니히스베르크

옛날엔 독일 땅

프로이센

이마누엘 칸트(Immanuel Kant, 1724~1804)

수학·물리·천문·역사·지리·정치 등 온갖 것을 강의했는데, 재미있고 핵심을 집어주는 강의로 인기가 매우 높았다고 한다. 철학사에 빛나는 『순수이성비판』, 『실천이성비판』, 『판단력비판』은 50세 이후에 나온 책들이다.

칸트를 가정교사로 두다니!

수학. 물리. 천문. 역사
지리. 정치. 당구…

키가 160센티미터가 안 될 정도로 작고 등이 꾸부정했으며 평생 결혼을 안 하고 깐깐하기 이를 데 없는 일화를 많이 남겼기에 책만 팠을 것 같지만, 당구를 좋아하고 사교를 매우 즐겨 사람을 잘 사귀었다고 한다.

인식론, 근대 윤리학의 새 장을
…
아, 이것만 치고

쓰리쿠션으로
돌려놓지.

칸트는 17, 18세기 영국의 경험론과 대륙의 합리론을 구분하여 정리하고, 그것을 종합하여 자신만의 철학을 만들었다.

칸트로부터 시작된 독일 관념론은 피히테, 셸링을 거쳐 헤겔에 이르러 완성된다.

서양철학은 칸트에 이르러 집대성되며 한 단계 도약했다. 200년이 지난 지금까지도 이런 말이 오르내린다.

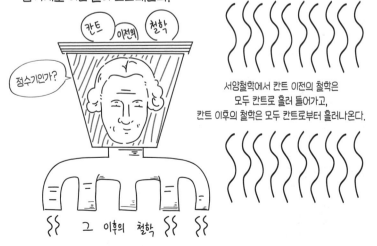

서양철학에서 칸트 이전의 철학은
모두 칸트로 흘러 들어가고,
칸트 이후의 철학은 모두 칸트로부터 흘러나온다.

거의 10년이 걸려 『순수이성비판』을 썼지만, 출간 당시 반응이 별로 없었다. 너무 어려워 거의 안 팔렸다. 하지만 노년엔 그의 철학의 진가가 알려져 인정을 받게 된다.

안 팔린 책

시간이 걸려도 세상이 진가를 알아줄 거다.

칸트는 『순수이성비판』에서 '우리 인간은 무엇을 알 수 있는가?'라는 인식의 문제를 다룬다. 칸트는 인식론의 새 장을 연 철학자라고 할 수 있다.

순수이성비판
-다들 들어봤지만
아무도
안 읽은 책-

우리는 무엇을
알 수 있는가?

신은 존재할까, 우주는 무한할까, 인간에게 영혼이 있을까? 칸트는 인간의 순수이성으로는 신·영혼·자유 같은 형이상학적 문제를 알 수 없다고 한다.

인간의 순수이성으론
알 수 없어.

칸트에 따르면 우리 인간은 사물의 진짜 모습도 알 수 없다. 우리가 지금 사과를 보고 있더라도, 사과의 진짜 모습은 알 수 없다는 것이다.

우리 인간에겐 사과가 빨갛게 보인다. 색맹인 개에겐 사과가 흑백으로 보이고, 박쥐에겐 사과가 초음파를 통해 그냥 덩어리로 파악된다.

인간은 인간의 방식으로 사과를 인식하고, 개는 개의 방식으로, 박쥐는 박쥐의 방식으로 사과를 인식할 뿐이다. 이 사과의 진짜 모습, 즉 실체는 알 수 없다.

내가 지금 보고 있는 사과는 진짜가 아니라, 나의 뇌가 시각정보를 처리함으로써 떠올린 관념일 뿐이다.

뇌에서 처리된 것일 뿐
진짜 실체는 몰라.

칸트는 대상의 진짜 모습을 '물자체'라고 하고, 인간의 방식으로 지각한 것을 '현상'이라고 한다.

물자체는
알 수 없다.

진짜 사과
(물자체)

인간이 보는 사과(현상)

또한 칸트는 인간이 대상으로부터 주어지는 감각자료를 수동적으로 받아들이는 것이 아니라

삐-이익, 노-우

수동적인 게
아냐.

마치 박쥐가 사과라는 대상을 초음파로 지각해 덩어리로 인식하듯, 인간도 인간 나름의 인식구조로 대상을 재구성한다고 한다.

빨갛네.
인간의 뇌가 그렇게 인식하는 것일 뿐.

초음파로 파악한 덩어리

이제 인식의 방향이 바뀌었다. 예전엔 우리가 인식하는 대상을 중시했지만, 칸트는 '인간이 세계를 어떻게 인식하는가'에 주목했다. 인식의 중심이 대상에서 인식하는 주체인 인간으로 바뀌었다. 이것이 '코페르니쿠스적 전환'이다.

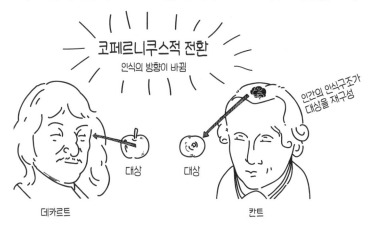

코페르니쿠스적 전환
인식의 방향이 바뀜

인간의 인식구조가 대상을 재구성

대상

대상

데카르트

칸트

우리는 헤아려 보지 않고도 587+13=600이라는 것을 안다. 직접 경험해 보지도 않고, 어떻게 이런 선험적(선천적) 판단이 가능할까?

어떻게 알지?
안 헤아려 봤잖아.

587+13 = 600

칸트에 따르면 인간의 인식체계는 날 때부터 타고난다. 그래서 우리는 일일이 헤아려 보지 않고도 587+13=600이 옳다는 걸 안다. 인간은 이런 인식체계를 바탕으로 대상으로부터 감각자료를 받아들여 경험하기에, 인간의 지식은 확장된다.

따라서 중요한 것은 대상 자체가 아니라 인간의 인식체계라고 할 수 있다.

인간의 인식구조는 세계를 어떻게 인식할까? 칸트는 인간의 인식체계를 분석하는 철학을 초월철학이라고 한다.

박쥐의 인식체계

인간의 인식체계는?

죽고 싶었지만 칸트 덕분에 일어섰다

18세기 독일 철학자 피히테는 서양철학사의 두 거장 칸트와 헤겔 사이에 낀 철학자라고 할 수 있다.

칸트

요한 고틀리프 피히테
(Johann Gottlieb Fichte, 1762~1814)

헤겔

피히테는 젊은 시절 너무 가난했다고 한다. 그런데 칸트 철학에 매료되어 위안을 얻게 되고, 칸트의 도움으로 명성을 얻어 32세에 예나대학 교수가 되었다.

너무 가난하고
안 풀려서 죽고 싶었어.

피히테는 이처럼 칸트의 주종자였지만, 한편으로는 칸트를 넘어서려 했다.

사생팬은 나도 싫어.
날 넘어 봐.

칸트

피히테에 따르면, 자아는 나이고, 자아에 대립하여 비아가 나타난다. 비아는 넓게 보면 사회, 자연, 인류의 역사, 즉 세계 전체이다.

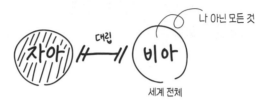

자아와 비아가 종합되어 나타나는 것이 바로 절대자아이다.

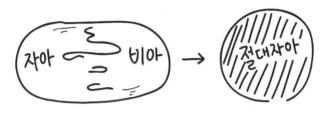

자아와 비아가 대립하고, 이것이 종합되어 절대자아가 나타나는 과정을 변증법이라고 한다.

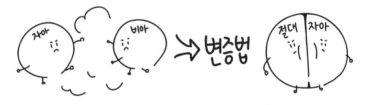

혹자는 피히테가 말한 절대자아를 도덕적 질서, 신적 질서를 실현하는 힘으로도 해석하지만, 자아의 배후에서 동작하는 어떤 힘 정도로 봐도 될 것 같다.

피히테의 관념론은 매우 어렵다. 쇼펜하우어는 피히테를 "애매하고 알 수 없는 궤변으로 사람들을 바보로 만드는 사기꾼 철학자"라고 비난했다.

피히테는 모든 것을 자아 속에 넣어버렸다. 물자체와 현상, 인식의 주체와 대상, 정신과 물질, 주관과 객관 등 모든 것을 자아 속에 넣은 것이다.

그리고 주관적 정신 속에서 객관적인 자연 전체가 나타난다고 보았다. 피히테의 철학은 주관적 관념론으로 볼 수 있다.

세계 전체를 자아 속에 넣어버리는 것은, 마치 세계 전체가 자아의 머릿속의 관념일 뿐이라는 말처럼 들린다. 자아를 신의 자리에 앉혀버린 셈이다.

결국 피히테는 무신론자라는 비판을 받고 예나대학의 교수 자리에서 쫓겨났다.

한마디 :

죽고 싶었던 피히테는 칸트 철학에서 위안을 얻었다.
철학이 이렇게 중요하다.

모든 소가 검게 보이는 밤

19세기 영국 철학자 셸링은 어릴 때부터 천재였다. 괴테의 추천으로 23세에 예나대학의 부교수가 되었고, 생물학·화학·의학 등 자연과학에 관심이 많았다.

웬 천재가 이리 많아.
23세에 대학교수라니.

프리드리히 빌헬름 요제프 셸링
(Friedrich Wilhelm Joseph Schelling, 1775~1854)

19세기 초엔 과장되고 신비주의적인 자연관이 판을 치고 있었다. 셸링은 여기에 영향을 받아 세계 전체를 스스로 성장하고 진화하는 하나의 유기체로 보았다.

세계는 하나의 유기체야

물은 살아 있어.

나도 살아 있어.

물

공기

고대 그리스 이후에 몇 년 만의 출연이냐.

셸링은 인식의 주체와 대상, 정신과 물질 등을 모두 자연 전체 속에 넣어버리고, 객관적인 자연 전체 속에서 주관적인 정신세계가 나타난다고 보았다. 셸링의 관념론을 객관적 관념론이라고 한다.

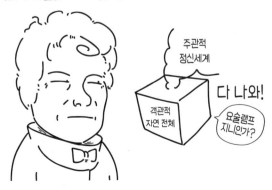

주관적
정신세계

다 나와!

객관적
자연 전체

요술램프
지니인가?

셸링은 자연 전체, 즉 절대적인 것(신) 안에서는 모든 것이 다 동일하다고 봤다. 그의 철학을 동일철학이라고 한다.

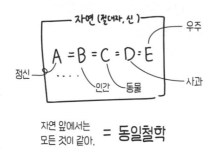

자연 앞에서는
모든 것이 같아. = 동일철학

헤겔은 셸링의 동일철학을 비꼬았다. "모든 황소가 검은 소로 변하는 캄캄한 밤." 개별자들을 절대적인 것으로 검게 다 칠해 놓으니 구별할 수 없다는 것이다.

모든 황소가 검은 소로
변하는 캄캄한 밤

이에 대해 셸링은 개별자들의 물질과 정신이 양적 차이가 있기에, 개별자가 존재할 수 있다고 했다.

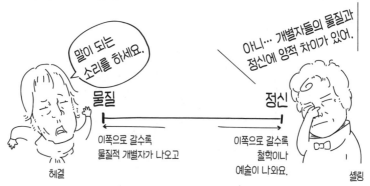

이쪽으로 갈수록
물질적 개별자가 나오고

이쪽으로 갈수록
철학이나
예술이 나와요.

나는 세계정신을 보았다, 실수로!

독일의 철학자 헤겔도 칸트처럼 먹고살기 위해 30대에도 가정교사를 전전했다.

헤겔은 영국의 철학자 셸링이 추천해 대학에 자리를 얻었는데, 후에 셸링을 비판했다. 한때 룸메이트이기도 했던 셸링은 배신감에 분노했다고 한다.

게오르크 빌헬름 프리드리히 헤겔
(Georg Wilhelm Friedrich Hegel, 1770~1831)

독일 관념론은 헤겔에 이르러 완성된다. 헤겔 철학은 무시무시하게 어렵기로 악명이 높다. 독일인들이 '헤겔어'로 쓰였다고 농담을 할 정도다.

그동안 근대 철학자들은 주로 실체·속성·자아 같은 문제를 나의 관점에서 이야기했다. 헤겔 철학은 마치 신의 관점에서 세계가 처음 생겨났을 때부터 끝날 때까지를 통째로 놓고 이야기하는 것 같기도 하다. 그래서 더 어렵다.

헤겔은 피히테의 변증법과 셸링의 절대자아 개념을 받아들여 자신의 절대적 관념론을 완성한다.

헤겔은 세계가 감각→지각→오성→자기의식→이성→절대정신의 단계를 거친다고 한다. 각 단계마다 한계, 결핍, 모순을 겪으며 새로운 단계로 나아가며, 궁극에는 절대정신의 단계에 이른다는 것이다.

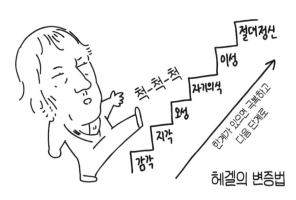

헤겔의 변증법

우리가 무엇인가를 인식할 때는 시각·청각·후각·미각·촉각 등 감각으로부터 시작한다. 하지만 감각만으로는 사물을 파악할 수 없다. 이에 감각의 단계에서 지각의 단계로 나아간다.

감각의 단계

지각의 단계에선 외부로부터 감각자료를 받아들여 관념을 만들어내며 지각하게 된다. 그런데 지각의 단계에선 사물들 간의 관계를 파악할 수 없다.

지각의 단계

이에 오성의 단계로 나아가 사물들 간의 관계를 파악하게 되고, 자연현상들에서 보편법칙을 찾을 수 있게 된다. 근데 자신과 대상이 다르다는 걸 인식은 하지만, 그것이 무엇인지 잘 몰라 좌절하고 자기의식의 단계로 나아가게 된다.

오성의 단계

자기의식의 단계에서 인간은 자기 자신에 관심을 갖게 된다. 그런데 서로를 인정해주지 않다보니 결국 목숨을 건 인정투쟁을 시작하며, 무자비한 경쟁 속에서 자기의식은 주인과 노예로 분열되고, 모든 인간은 불행한 상태에 빠진다.

이제 이성의 단계로 나아가면, 주인공은 개인이 아니라 보편이성이 된다. 보편이성은 세상의 이치 같은 것이다. 인간의 역사를 움직이는 것은 개별자의 인정욕구와 이기심인 것처럼 보이지만, 보편이성이 인간의 역사를 움직인다.

클레오파트라, 나폴레옹이 역사를 만든 것이 아니라 보편이성이 이들을 이용해서 역사를 만들어 왔다. 인간은 보편이성에 따라 살 때, 비로소 자기의식의 균열로 인한 불행한 의식을 극복할 수 있다.

헤겔의 철학에서 정신은 인륜성을 말한다. 인륜성은 일종의 사회공동체 정신이라고 보면 된다. 헤겔은 도덕법칙은 공동체, 보편자의 것이라고 봤고, 이것을 인륜성이라고 한다.

헤겔은 1806년 10월 독일의 예나 시로 진격해 온 나폴레옹을 보고 감격했다. "나는 오늘 말 위에 높이 앉아 세계를 지배하는 세계정신을 보았다."

헤겔은 웅대한 철학체계를 만들어놓고, 그것을 나폴레옹에게 갖다바치는 잘못을 저질러버렸다. 등잔 밑이 어둡다고, 사람은 나 자신을 보지 못하고, 그 시대 안에 있으면 그 시대가 안 보인다.

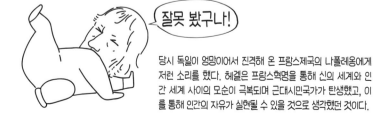

잘못 봤구나!

당시 독일이 엉망이어서 진격해 온 프랑스제국의 나폴레옹에게 저런 소리를 했다. 헤겔은 프랑스혁명을 통해 신의 세계와 인간 세계 사이의 모순이 극복되며 근대시민국가가 탄생했고, 이를 통해 인간의 자유가 실현될 수 있을 것으로 생각했던 것이다.

이제 세계는 최고 단계인 절대정신에 이르게 된다. 절대정신의 단계는 마치 플라톤의 이데아나 신을 연상시킨다. 절대정신의 단계에선 물질과 정신, 주관과 객관, 인식과 존재, 무한자와 유한자, 현실세계와 신의 세계가 통일된다.

헤겔 철학에 따르면, 우리에게는 이미 보편이성, 객관적 정신, 절대정신이 있으며, 절대정신이 우리 각자의 모습으로 드러난 것으로 볼 수 있다.

헤겔의 정신현상학은 한 가지로 해석되기엔 너무나 복잡하고 방대한 사상을 담고 있다. 여기의 설명은 한 가지 비유일 뿐이니 재미로 받아들였으면 한다.

한마디 :

사람은 나 자신을 보지 못하며,
그 시대 안에 있으면 그 시대가 잘 안 보인다.

우울증에 시달리며 꽃핀 철학

19세기 독일 철학자 쇼펜하우어는 우울증과 의심병이 매우 심했다. 쇼펜하우어의 염세주의는 그의 우울증에서 기인한 것 같다.

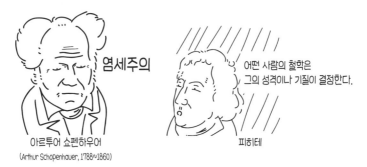

염세주의

아르투어 쇼펜하우어
(Arthur Schopenhauer, 1788~1860)

어떤 사람의 철학은
그의 성격이나 기질이 결정한다.

피히테

쇼펜하우어는 불이 날까봐 무서워 이층에선 잠을 안 잤다고 한다. 이발사한 테 면도를 맡기지도 않았다. 침대맡에 항상 권총을 두었고 혼잣말을 중얼거리 고 사람들이 자기를 모함한다고 생각했다.

불이 나면 어떡해?

이발사가 면도칼로 내 목을…

덜-덜덜

쇼펜하우어는 자신을 칸트 철학의 계승자라고 생각했다.

존경하는 칸트 님

몰디브나 한잔 할까?

그런데 존경하는 칸트가 물자체와 현상계를 기껏 구분해 놨더니, 피히테, 셸링, 헤겔이 망치려 한다며, 이들을 헛소리만 늘어놓는 사기꾼이라고 비난했다.

우리 칸트 님의 철학을 시궁창에 넣으려 한 것들!

피히테는 모든 것을 자아 속에 집어넣고,
셸링은 절대자 속에 집어넣고,
헤겔은 이것저것 짬뽕 하고ㅠㅠ.

서양철학은 고대 그리스 때부터 인간의 이성을 중시했다. 그런데 쇼펜하우어는 인간은 욕망이라는 이름의 전차에 끌려다니는 존재일 뿐이라고 생각했다.

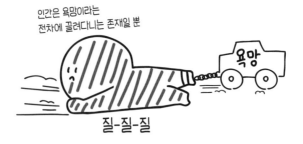

인간은 욕망이라는 전차에 끌려다니는 존재일 뿐

욕망

질-질-질

칸트는 물자체와 현상계를 나누고, 우리가 보는 세계는 감각으로 인식한 현상계일 뿐이라고 했다. 그런데 이 현상계가 쇼펜하우어에게는 표상이다.

세계는 나의 표상이다.
이것 이상으로 확실한 진리는 없다.

우리가 보는 세계

물자체   현상계   의지   표상

칸트   쇼펜하우어

칸트는 우리가 물자체를 알 수 없다고 했지만, 쇼펜하우어는 그것이 바로 의지라고 봤다. 이때 의지는 인간의 욕망을 말한다. 그래서 쇼펜하우어의 대표 저서가 『의지와 표상으로서의 세계』이다.

그건 의지죠.
인간의 욕망

의지   표상

한 사람의 욕망이기도 하고,
인간이라는 종 전체의 욕망이기도 하다.

쇼펜하우어는 표상 뒤에서 인간을 조종하는 것이 바로 욕망이라고 한다.

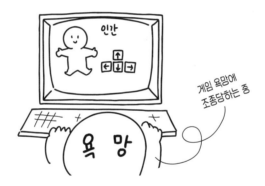

인간

게임 욕망에
조종당하는 중

욕 망

그런데 인간의 욕망은 안 채워진다. 인간은 욕망이 안 채워지면 결핍으로 고통스럽고, 욕망이 채워지면 권태로 고통스러운 존재이다.

배고파.

인간의 욕망은 안 채워진다.
그래서 인간은 고통스러운 존재.

우울과 의심, 조현형 증상을 가지고 살았던 쇼펜하우어가 내린 인간과 세계에 대한 결론은 이것이다.

심혈을 기울여 쓴 『의지와 표상으로서의 세계』 외면당함.
헤겔에게 망신 당하고 베를린대학 한 학기 만에 그만둠.
어머니와 의절.
평생 고독 속에서 혼자 산 아웃사이더

"인생은 고통이고 세계는 최악이다."

말년에 『여록과 보유』라는 에세이를 내고 유럽에서 유명인사가 됐다. 우리나라에선 『쇼펜하우어 행복론』, 『쇼펜하우어 인생론』으로 번역됐다.

쇼펜하우어는 이런 고통에서 궁극적으로 벗어나려면 욕망을 버림으로써 열반을 해야 한다고 한다. 그는 불교와 힌두교에 관심이 많았고, 책상 위에는 청동불상이 있었다고 한다.

욕망을 버려.

한마디 :

고독이 없었다면,
아마도 쇼펜하우어의 철학은 나올 수 없었을 것이다.

∾ 독일 관념론자들 모여라 ∾

사회자

칸트 님, 인터뷰 시간에 딱 맞추어 오셨네요. 못 오시는 줄 알고 조마조마했습니다.

그럴 리가요.

내가 시간 관념이 정확합니다. 매일 오후 3시 30분에 산책을 했는데, 시간이 항상 정확해서 내가 산책을 나가면 마을 사람들이 시계의 시간을 맞췄을 정도였죠. 하하하.

칸트

사회자

그래서 후대 사람들은 칸트 님을 '걸어다니는 시계'라고 했답니다. 하하하. 칸트 님 철학의 핵심은 무엇입니까?

물자체
우리의 감각으로 경험하는 현상계

나는 세계를 둘로 구분해야 한다고 생각해요. 물자체와 현상계로요.
물자체는 그 자체로서의 모습을 가진 세계이고, 현상계는 우리에게 인식된 세계입니다. 그러면 우리는 인식의 주체와 대상, 정신과 물질을 나누어 볼 수 있게 되죠. 이것으로부터 철학이 출발한다고 생각합니다.

칸트

칸트 님 팬이에요.

나는 젊은 시절 칸트 님의 철학에 매료됐어요. 칸트 님을 찾아갔고, 칸트 님의 추천으로 책을 한 권 출판했죠. 그런데 출판사에서 실수로 책에 저자 이름을 안 넣은 거예요. 사람들은 그 책을 칸트 님이 쓴 것으로 오해했죠. 출판사의 그 실수 때문에 나는 유명세를 탔고 대학교수가 될 수 있었어요.

피히테

그런 일이 있었죠. 하하하.

칸트

칸트 님 덕분에 뜰 수 있었습니다. 하지만 칸트 님의 철학에 약간의 문제가 있다고 생각합니다. 칸트 님은 물자체와 현상계를 구분해야 한다고 하지만, 나는 그것을 하나로 합쳐야 한다고 생각해요.

피히테

사회자
두 세계를 어떻게 하나로 합칠 수 있죠?

자아가 두 세계를 변증법적 과정을 통해 통합할 수 있다고 생각합니다. 자아의 관념 속에 인식 주체와 대상, 주관과 객관, 정신과 물질을 다 집어넣을 수 있습니다.

피히테

잠깐만요.

어떻게 모든 것을 자아의 관념 속에 집어넣을 수 있죠? 내가 신이라면 모를까?

셸링

그래서 나는 신을 부정했다고 오해를 받아서 결국 교수직에서 쫓겨났어요.

피히테

그러면 자아가 뭔지 명백하게 정리를 해놔야죠. 그렇게 애매하게 철학을 하니까 독일 관념론이 어렵고 애매하다고 욕먹는 거 아닙니까?

셸링

나는 모든 것이 객관적인 자연 전체로 통일된다고 생각합니다. 이러한 자연 전체는 절대자 혹은 신이라고 할 수 있어요.

피히테

사회자
(혼잣말로) 그것도 애매해 보이는데….

뭐라고요?

피히테

사회자
아, 아, 아닙니다.

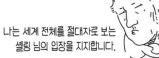
나는 세계 전체를 절대자로 보는 셸링 님의 입장을 지지합니다.

 헤겔

 사회자
헤겔 님과 셸링 님은 튀빙겐대학에서 같이 기숙사 생활을 하셨다고 들었는데, 혹시 개인적 친분 때문에 지지하는 거 아닙니까?

그럴 리가 있나요? 아닙니다. 구체적으로 들어가면 셸링 님과 나는 생각이 다릅니다. 나는 셸링 님의 절대자가 피히테 님이 말한 변증법적 과정을 거치면서 발전한다고 생각합니다.

 헤겔

 사회자
이거 좀 짬뽕 느낌이 나는데요.

그렇게 간단하지 않아요. 세계 전체는 변증법적 과정을 거치면서 감각의 단계로부터 이성의 단계를 거쳐 절대정신의 단계로 완성됩니다. 이 절대정신의 단계가 바로 이데아이고 신인 것입니다.

 헤겔

(이때 객석에 앉아 있던 쇼펜하우어가 소리를 지른다.) **이 사기꾼 철학자들아!**

말씀이 너무 심한 거 아닙니까?

 헤겔

심하다뇨? 어려운 용어로 뜬구름 잡는 소리만 하는 독일 관념론은 거대한 사기극이에요.

쇼펜 하우어

 사회자
쇼펜하우어 님은 어디서 문제가 생겼다고 생각하나요?

내가 존경하는 칸트 님은 일찍이 물자체와 현상계를 구분했습니다. 둘은 도저히 합칠 수 없는 거예요. 그런데 저 사기꾼들이 합치려고 하니까 이상한 관념론이 나온 겁니다.

 쇼펜 하우어

나는 현상계는 우리에게 인식된 세계이고, 물자체는 현상계 배후의 세계라고 생각합니다.

쇼펜
하우어

현상계의 배후에 뭐가 있죠?

칸트

그것은 개별자의 욕망입니다. 종의 의지이기도 합니다. 더 크게 보면 자연법칙이기도 하죠.
욕망, 의지, 자연법칙이 현상계를 움직이고 있습니다.

쇼펜
하우어

나는 솔직히 헤겔 님보다는 저기 객석에 계신 쇼펜하우어 님의 철학이 더 그럴듯해 보이네요.

칸트

감사합니다, 칸트 선생님. 항상 존경해 왔습니다.

쇼펜
하우어

사회자

근데 쇼펜하우어 님, 여기에 개를 데리고 들어오면 안 됩니다.

쉿, 헤겔!
쉿!

사회자

헤겔이라뇨?

이 개 이름이 헤겔입니다.

쇼펜
하우어

(화가 난 헤겔이 객석으로 달려가려 한다. 진행요원들이 나서서 말린다.)

뭐라고요? 개에게 내 이름을 붙였다고?!

헤겔

사회자

아무래도 서둘러 마쳐야 할 것 같습니다. 감사합니다.

Part

9

정치에 기웃거린
철학

메디치가에 외면당한 철학자

15세기 이탈리아는 수많은 작은 나라들로 쪼개져 극심한 혼란을 겪고 있었다. 피렌체공화국은 인구 7만의 작은 도시국가로 주변 강대국으로부터 계속 침략을 당했다.

15세기 이탈리아

겨우 인구 7만의 소국
맨날 주변 강대국에게 쥐어터짐.

마키아벨리는 피렌체공화국에서 14년 동안 외교관으로 일하다가 공화정이 무너지고 메디치 가문이 들어오자, 반역행위로 체포되어 고문을 당하고 추방당했다. 생활고 때문에 새를 잡아먹을 정도였다.

새 살려!

니콜로 마키아벨리
(Niccolò Machiavelli, 1469~1527)

마키아벨리는 복권을 위해 『군주론』을 써서 바쳤으나, 정작 메디치가의 통치자 로렌초는 읽어보지도 않았다고 한다. 하지만 『군주론』은 약 500년이 지난 지금까지도 꾸준히 읽히고 있다.

(나중에) 망했어.
읽어볼 걸…

14년 경력 있고요.
열심히 하겠습니다.

메디치가의 로렌초

마키아벨리는 『군주론』의 후반부에서 군주의 처세술을 3원칙으로 정리했다.

제1원칙: 군주는 인간이 약하다는 것을 알아야 한다.

제2원칙: 군주는 때로는 사자도 되고, 때로는 여우도 되어야 한다.

제3원칙: 군주는 힘이 없으면 죽는다.
마키아벨리는 메디치가가 쫓겨난 후에도 제대로 쓰이지 못했고, 죽고나서야 진가가 알려졌다.

고대 그리스의 플라톤이나 아리스토텔레스는 도덕의 관점에서 본 이상적인 정치를 말했고, 중세에는 종교의 관점에서 본 경건한 정치를 추구했다.

히지만 마키아벨리는 정치를 도덕과 종교로부터 완전히 분리해 기술적·공학적으로 보았다. 혼란한 시대에 힘없는 피렌체공화국에서 살았기에 도덕적으로 선한 군주보다 강한 국가를 만드는 군주가 좋고, 그러기 위해 사소한 악들은 저질러도 된다고 주장했던 것 같다.

한마디 :

사람은 리더를 잘 만나야 한다.

메디치가에 쓰이지 못한 마키아벨리.

공포와 쌍둥이로 태어난 철학자

16세기 영국 철학자 홉스는 임신한 어머니가 에스파냐 무적함대의 침공소식에 놀라는 바람에 조산아로 태어났다. 평생 죽음에 대한 공포에 시달렸다고 한다.

엥?

칠삭둥이

에스파냐의 무적함대
영국 침공!

60세 이후로는 포도주를 끊었고, 75세까지 테니스를 쳤으며, 폐 건강을 위해 밤마다 아주 큰 소리로 노래를 불렀다고 한다.

91세까지 장수했다.
(17세기 유럽 평균 수명 35세)

토머스 홉스
(Thomas Hobbes, 1588~1679)

홉스와 데카르트는 16세기 사람으로 공통점이 많았다. 둘다 기하학을 좋아했고, 글을 아주 잘 썼으며, 아리스토텔레스를 경멸했고, 망명생활을 경험했다. 하지만 둘의 철학은 달랐다.

우린 공통점이 많아.
하지만 철학은 달랐어.

데카르트

바이에른 공작 밑에 있다가
패전으로 네덜란드로 망명

홉스

영국내전으로 왕당파가 체포되자
프랑스로 11년간 망명

홉스는 존재하는 것은 오직 물질뿐이고 정신은 그 부산물이라 생각했다. 따라서 육체적 생존이 가장 중요하다. 이러한 인간의 생존욕구가 바로 홉스 사상의 출발점이 된다.

홉스는 생존을 위한 만인에 대한 만인의 투쟁상태를 '자연상태'라고 한다. 자연상태에서는 도덕도 정의도 없고 재산권도 없다. 있는 것은 오로지 내가 살 권리, 즉 자연권뿐이다.

이에 사람들은 생존을 위해 권리를 군주(국가)에게 양도하고, 군주는 개인들을 지킬 의무를 가지게 된다. 국가란 이러한 계약을 함으로써 성립된 것이라는 게 홉스의 사회계약설이다.

1651년 홉스는 망명지 프랑스에서 『리바이어던』을 출간한다. 최초의 근대적 국가이론을 제시한 책이다. 그런데 이 책으로 인해 프랑스에 있던 영국 왕당파로부터 살해위협을 당하고, 이에 망명 11년 만에 영국으로 돌아온다.

구약성서 욥기 41장에 나오는 괴물

이 괴물이 국가란 거지.

플라톤에게 국가란 정의를 실현해주는 곳이고, 아우구스티누스에게는 신의 나라에 봉사하는 곳이고, 칸트에게는 도덕률을 실현하는 곳이었지만, 홉스에게 국가란 나의 생존을 지켜주는 도구일 뿐이다.

플라톤
국가는 정의를 실현하는 곳

아우구스티누스
신의 나라에 봉사

칸트
국가는 도덕률을
실현하는 곳

홉스
국가는 나의 생존을
지켜주는 도구일 뿐

홉스는 "나는 공포와 쌍둥이로 태어났다"는 말을 하곤 했다. 공포와 쌍둥이로 태어난 홉스는 국가도 공포를 해결해주는 장치로 보았던 것이다. 또한 아무리 악한 군주도 없는 것보다는 나으니 저항하지 말라고 했다.

악한 군주라도 없는 것보다는 나아.

웃기고 있네. 저항해!

홉스

벤담

한마디 :

인간은 지능을 가진 짐승이다.

아버지의 바람과 심한 폭력으로 매우 어렵게 자란 홉스가 남긴 말.

10
Part

어떻게
살 것인가?

신(GOD)을 걸고 내기할까?

17세기 프랑스의 수학자이자 과학자, 철학자이자 신학자 파스칼도 천재였다. 어릴 때부터 수학과 과학에 재능을 보였다.

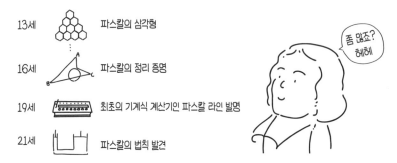

13세	파스칼의 삼각형
16세	파스칼의 정리 증명
19세	최초의 기계식 계산기인 파스칼 라인 발명
21세	파스칼의 법칙 발견

좀 많죠?
헤헤

그런데 20대 후반에 들어서부터 철학과 신학에 몰두한다. 그의 책 『팡세』에는 '파스칼의 내기 논증'이라는 것이 나온다. 신의 존재 여부에 대해 내기를 한다면, 신이 존재한다는 쪽에 거는 것이 유리하다는 것이다.

수학, 과학은
이제 그만.

파스칼의 내기 논증

블레즈 파스칼
(Blaise Pascal, 1623~1662)

『팡세』는 그가 죽은 8년 후 엮은 책.
팡세는 '(파스칼 씨의) 생각'이란 뜻.

내가 신의 존재를 믿었는데, 죽고 보니 신이 정말로 존재한다면 천국에 갈 수 있을 것이다.

신 존재 믿음
아싸~
신 있다
천국

만약 내가 신의 존재를 믿었는데 죽고 보니 신이 존재하지 않는다면, 나는 일요일마다 교회에 가느라고 썼던 약간의 시간과 돈만 손해를 볼 뿐이다.

만약 내가 신을 믿지 않았는데, 죽고 보니 신이 실제로 존재하지 않는다면 이 득도 손해도 볼 것이 없다.

그런데 내가 신을 믿지 않았는데, 죽고 보니 신이 실제로 존재한다면? 지옥 으로 떨어져 영원한 고통 속에 살게 될 것이다. 따라서 신이 존재한다는 선 택을 하는 것이 위험이 적으니, 신의 존재를 믿어야 한다는 것이다.

한마디 :

어떤 천재는 일반인의 눈높이에 맞춰 쉽게 얘기하기도 한다.

손이 안 보였던 윤리학자

18세기 영국의 정치경제학자 애덤 스미스는 고전경제학의 고전 『국부론』을 쓴 '경제학의 아버지'로 불리지만, 윤리학자이기도 했다.

"땅이 아니라 분업이 국부를 가져올 것이다!"

경제학의 아부지~

애덤 스미스(Adam Smith, 1723~1790)

애덤 스미스가 정작 유럽에서 처음 명성을 떨치게 된 계기는 경제학 책 『국부론』이 아니라 『도덕감정론』이라는 윤리학 책이었다.

도덕감정론

애덤 스미스는 당시엔 윤리학자로 유명했다.

애덤 스미스 하면 가장 먼저 떠오르는 말이 '보이지 않는 손'이다. 하지만 애덤 스미스는 이 말을 딱 두 번밖에 하지 않았다. 『국부론』에서 한 번, 『도덕감정론』에서 한 번.

쟤가 나보다 더 유명해.

보이지 않는 손

애덤 스미스는 『국부론』에서 인간을 이기적인 존재로 본다. 사람들이 이기적으로 경제활동을 하면 '보이지 않는 손'이 자연스럽게 균형을 잡아가면서 전체적 부를 만든다고 한다.

우리가 저녁식사를 기대할 수 있는 것은 푸줏간 주인, 양조장 주인, 빵집 주인의 자비심 덕분이 아니라, 그들이 자기 이익을 챙기려는 이기심 때문이다.
– 『국부론』 중에서

하지만 『도덕감정론』에서는 인간을 이기적이지 않은 도덕적 존재로 본다. 사회질서를 유지하려면 인간의 동감을 믿어보자고 한다. 이때 동감(Sympathy)은 타인의 입장이 되어 타인의 감정을 똑같이 느끼며 판단하는 것이다.

날 믿어 봐.

우리가 동감을 하려면 상상 속에서 냉정한 관찰자가 되어 판단해야 한다. 이기적이지도 이타적이지도 않은, 그저 냉정한 관찰자 말이다.

응?

나 냉미남이야.

얼어붙음

냉정한 관찰자는 타인으로도 빙의하지만, 나 자신으로도 빙의한다. 타인으로부터 받는 인정과 비난은 1심 판결, 내면의 냉정한 관찰자로부터 받는 인정과 비난은 2심 판결이다.

현명한 사람은 냉정한 관찰자의 인정을 추구하지만, 어리석은 사람은 타인의 인정을 받기 위해 이기적으로 부를 쫓는다.

애덤 스미스는 경제가 발전하면 부가 '보이지 않는 손'에 의해 자연히 가난한 사람에게 흘러간다고 믿었다.

『도덕감정론』에서 말하는 상상 속의 공평하고 냉정한 관찰자는 이기적이지도 이타적이지도 않다. 그냥 냉정한 관찰자일 뿐이다. 따라서 『국부론』과 『도덕감정론』이 서로 모순된다는 스미스 문제가 해결되었다고 볼 수 있다.

지킬 건 지킨다

칸트의 『실천이성비판』은 근대 윤리학의 고전일 뿐 아니라 현대 윤리학의 중요한 한 축을 담당하고 있다.

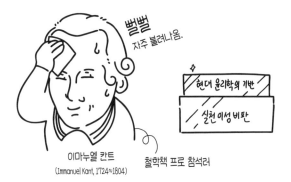

뻘뻘
자주 불려나옴.

현대 윤리학의 기반
실천 이성 비판

이마누엘 칸트
(Immanuel Kant, 1724~1804)

철학책 프로 참석러

칸트의 윤리학을 한마디로 말하면 '지킬 것은 지킨다'이다. 그래서 칸트의 윤리학을 '의무주의'라고 한다.

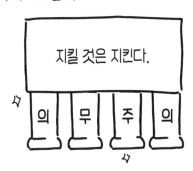

지킬 것은 지킨다.

의 무 주 의

칸트는 곤경에 처한 사람이 불쌍해서가 아니라, 어려움을 겪는 사람을 도와주는 것이 의무이기 때문에 도와주는 것이 보편법칙에 맞고 도덕적이라고 보았다.

예쁘네… 불쌍해… 의무니까…

낑-낑

칸트의 도덕법칙을 '정언명령'이라고 한다. 정언명령이란 어떤 조건이건 간에 묻지도 따지지도 말고 따라야 하는 도덕법칙이다. 칸트는 몇 개의 정언명령을 내놓았다.

"자기 행위의 원칙이 보편법칙과 일치하도록 행위하라." 보편법칙이란 나뿐만 아니라 다른 모든 사람들도 지켜야 하는 법칙, 객관적으로 타당한 법칙이다. 나의 주관적인 행위 원칙을 보편법칙에 맞게 하라는 것이다.

칸트는 『순수이성비판』에서 인간의 이성은 신·영혼·자유의 존재 여부를 알 수 없다고 했지만, 『실천이성비판』에서는 이것들이 이론적으로는 존재한다고 말할 수 없지만 도덕적으로는 필연적으로 존재한다고 봤다.

인간의 이성으로 신·영혼·자유의 존재 여부를 알 수 없다더니, 이젠 도덕적으로론 반드시 이들이 존재해야 한다네? 그래서 "칸트는 신을 앞문으로 내쫓고 뒷문으로 들여보냈다"는 말을 듣는다.

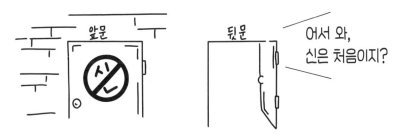

칸트의 윤리학은 의무를 지키라는 원칙만 고집하는 것처럼 보인다. 또한 인간의 동정심, 측은지심을 도덕의 영역에서 빼버렸다. 하지만 칸트는 윤리학을 통해 '인간이 어떻게 살아야 하는가'에 대한 지향점을 보여주고자 한 것이다.

칸트에게 중요한 것은 '내가 어떻게 행복해질 수 있는가'가 아니라 '내가 어떻게 행복해질 만한 자격이 있는 사람이 될 것인가'인 것 같다. 칸트는 모든 사람이 자신의 의무를 지키면서 행복해지는 사회를 꿈꿨던 것 같다.

쾌락을 위해선 안 지켜도 된다

고대 그리스 시대까지만 해도 쾌락은 좋은 것, 행복은 선한 것으로 봤다. 이 것을 적나라하게 보여준 것이 바로 에피쿠로스 학파다. 반면 중세의 기독교 는 금욕주의를 강조하면서 현세의 쾌락을 죄악시하는 경향이 있었다.

근대가 되자, 이제 자유로운 시민이 마음껏 행복을 주구할 때 발생하는 사회 적 문제들을 어떻게 해결할까를 고민하게 되었다. 공리주의는 바로 이런 고 민에서 나온 사상이다.

18, 19세기 영국 철학자 벤담은 명문 법조계 집안에서 태어났다. 할아버지 가 법조인의 꽃이라는 대법관, 아버지는 소송대리인이었다. 하지만 벤담은 집안의 바람과 달리 법조인의 길을 걷지 않았다.

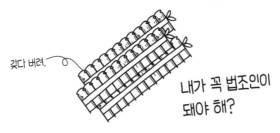

벤담은 매우 진보적인 사상가였다. 보통선거와 비밀선거, 노예제 및 사형제 철폐, 여성의 투표권과 이혼청구권을 주장했고, 동물의 권리에 관심이 많았으며 동성애 차별에 반대했다.

제러미 벤담
(Jeremy Bentham, 1748~1832)

또한 부자의 남는 재산의 일부를 빈민을 위해 써야 한다고 주장했다. 그의 시신은 유언에 따라 의학발전을 위해 해부실습에 사용된 후 박제되어 지금도 영국 3대 대학 중 하나인 런던대학(옛 유니버시티 칼리지 런던)에 전시되어 있다.

원래 얼굴도 박제했는데 썩어서 인형으로 교체했다.

18세기 중~19세기 초, 산업혁명으로 경제가 발전했으나 자본주의 폐해가 나타났다. 자유로운 시민사회에서 각자 행복을 추구할 때 나타나는 사회적 문제를 어떻게 해결할까? 벤담은 쾌락은 행복이고, 고통은 불행이라고 보았다.

그리고 벤담은 최대 다수의 최대 행복이 가장 선하고 정의로운 행위라고 보았다.

최대다수의 최대행복

고대 그리스 철학자인 에피쿠로스도 쾌락은 행복이고 고통은 불행이라고 했다. 그런데 에피쿠로스는 개인의 쾌락을 중시한 반면, 벤담은 자신뿐 아니라 모든 사람들의 쾌락까지 고려한 점에 차이가 있다.

벤담은 모든 쾌락에는 우열이 없다고 보고, 쾌락을 양적으로 판단했다. 이를 양적 공리주의라고 한다.

또한 벤담은 최대 다수의 최대 행복을 위해 쾌락의 강도, 지속성, 신속성, 범위 등을 고려한 쾌락 계산법을 내놓았다.

쾌락계산법

그리고 어떤 행위의 동기가 무엇이든, 과정이 어떻든, 그 결과가 더 많은 사람들을 더 행복하게 만들면 된다고 생각했다. 이것이 행위 공리주의다.

벤담은 원형감옥(파놉티콘)의 설계자로도 유명하다. 법률가가 되길 거부하자 집안에서 지원을 안해줬기에 돈을 벌려고 고안했다. 아이디어는 러시아의 노동시설에서 얻었는데 무시당했다. 파놉티콘은 벤담이 죽은 후 현실화됐다.

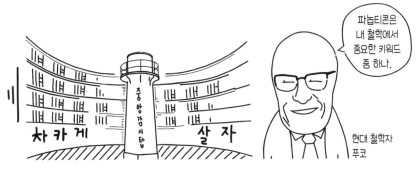

19세기 영국 철학자이자 정치경제학자인 존 스튜어트 밀은 어릴 때부터 아주 영민했는데, 어찌 보면 조기교육의 피해자였다.

조기교육의 피해자

존 스튜어트 밀
(John Stuart Mill, 1806~1873)

밀의 아버지는 벤담의 동료이자 친구로 공리주의자였다. 밀에게 3세부터 그리스어, 6세에 기하학과 대수, 8세에 라틴어, 10세에 뉴턴의 책 등을 엄격하게 가르쳤다.

아침에 했던 것 다 외웠냐? 검사하자.

밀 아버지

밀은 압박과 불안에 시달려 힘든 청소년기를 보냈으나 해리엇 테일러와의 사랑 등으로 이를 극복하고,

이것도 공리주의인가?

연상의 해리엇은 밀 지인의 아내였다. 밀은 해리엇에게 한눈에 반했다. 둘은 플라토닉한 관계를 20년 동안 유지하다가, 그 지인이 죽은 다음 결혼했다.

해리엇 테일러

후에 인간의 자유에 대한 빛나는 저작 『자유론』 등으로 근대 민주주의의 기틀을 다졌다.

✶ 민주주의의 빛나는 고전

자유론

밀은 머리말에서 해리엇과 함께 썼다고 밝혔다.

밀은 쾌락의 양보다 쾌락의 질에 주목했다. 이를 '질적 공리주의'라고 한다.

배부른 돼지가 되기보다 배고픈 소크라테스가 되는 편이 낫다.

질적 공리주의

밥 좀 줘ㅠㅠ

소크라테스

그런데 어떤 행위를 할 때마다 쾌락의 양을 계산하기는 번거롭고, 계산 자체가 힘든 상황도 있다. 그래서 밀은 규칙 공리주의를 제안한다. 규칙 공리주의란 사회적으로 더 큰 공리를 산출하는 규칙을 미리 정해놓자는 것이다.

미리 정해놓자.

규칙 공리주의

19세기 영국 사회학자이자 철학자인 허버트 스펜서는 다윈의 진화론의 영향을 받아 사회진화론을 주장했다.

사회진화론은 사회도 생물계와 마찬가지로 생존경쟁, 자연도태, 적자생존에 의해서 진화한다는 것이다.

벤담은 최대 다수의 최대 행복으로 각자의 쾌락이 늘어나면 사회적 쾌락이 증가한다고 믿었지만,

스펜서는 사회를 하나의 유기체로 보고, 사회가 진화하면 개인의 쾌락이 늘어나며, 따라서 사회를 위한 행위가 곧 선이라고 했다. 개인보다 사회 전체의 행복과 안녕을 우선한 것이다.

공리주의는 많은 문제점에도 불구하고, 쾌락을 노골적으로 도덕의 원리로 채택했다는 점, 모든 사람들의 쾌락을 똑같이 생각했다는 점에 의의가 있다.

1인 1표의 원리, 이것이 바로 민주주의의 기본원리다. 공리주의는 당시로서는 상당히 급진적인 사상이었으며, 현대 민주주의의 디딤돌이 되었다.

한마디 :
읽을수록 쾌락이 증진되는 철.학.툰.

Part

11

인간적인 너무나
인간적인 철학

정신병원에 들어간 철학자

니체는 어릴 때부터 몸이 약했고 평생 두통에 시달렸으며 조울증도 있었다.
지독한 근시여서 글을 길게 쓰기 힘들었다고 한다.

눈 찡그림.

눈이 나빠서인지
니체의 글은 짧은 잠언식,
근데 어렵다.

프리드리히 니체
(Friedrich Wilhelm Nietzsche, 1844~1900)

1889년(45세) 어느 날 니체가 타고 가던 마차의 바퀴가 진흙탕에 빠졌다.
말이 꼼짝하지 않자, 마부가 내려 말에게 마구 채찍질을 했다. 이를 지켜보
던 니체는 말을 부둥켜안고 울었다.

흑-흑흑

놔라…

결국 니체는 이를 계기로 정신병원에 들어갔다. 나중에는 말도 하지 못했고,
20세기가 시작되는 해인 1900년에 죽었다.

10년 넘게
정신병원에ㅠㅠ

정신 + 병원

니체의 철학은 내용은 심각하지만 글 쓰는 방식은 가볍고 경쾌하고 유머러스하다. 책 제목부터 흥미롭다. 『인간적인 너무나 인간적인』, 『차라투스트라는 이렇게 말했다』, 『이 사람을 보라』 등.

『이 사람을 보라』는 니체의 자서전이다. 성경의 『요한복음』에 빌라도 총독이 가시관을 쓴 피투성이 예수를 가리키며 "이 사람을 보라"고 하자, 군중들이 "십자가에 매달아라!"라고 했다는 얘기가 나온다.

우리는 용서를 옳은 것이라고 생각한다. 왜 그렇게 생각하게 됐을까? 또한 배려도 왜 옳은 것이라고 생각하게 됐을까? 니체는 도덕적 관념의 기원에 관심을 가졌다. 이를 '도덕의 계보학'이라고 한다.

니체는 도덕의 계보를 거슬러 올라가보곤, 도덕에는 주인의 도덕과 노예의 도덕이 있다고 주장했다.

주인의 관점에서는 강하고 화려하고 자신감이 넘치는 것이 좋은 것(Good)이고, 약하고 초라하고 자신감이 없는 것은 나쁜 것(Bad)이다.

그런데 인간은 주인의 도덕을 잃어버리고 노예의 도덕에 빠져버렸다. 노예의 도덕인 사랑, 배려, 소망, 용서, 선량함, "오른쪽 뺨을 때리면 왼쪽 뺨을 내주라" 등이 선한(Good) 기독교적 가치가 되었다.

따라서 인간이 회복되려면 선악을 구분하는 노예의 도덕을 버리고, 좋음(Good)과 나쁨(Bad)만을 갖는 주인의 도덕을 회복해야 한다. 그러기 위해서는 기독교적 가치를 버려야 하며, 그러기 위해서는 신을 죽여야 한다.

19세기 사상가 중에서 종교에 대해 회의적인 사람은 니체 말고도 많다.

다윈
"종교에 대한 세뇌는
공포다."

마르크스
"종교는 민중에 대
한 억압을 정당화
하는 장치"

프로이트
"종교는 집단적
강박증"

하지만 니체는 "신은 죽었다"는 선언을 통해 소크라테스로부터 시작된 서양
철학의 전통, 기독교사상, 도덕, 가치를 모두 전복해 버렸다. 그래서 망치를
든 철학자, 전복의 철학자라고 한다.

나는 인간이 아니라
다이너마이트다.

망치의 철학자
전복의 철학자

쾅-쾅-쾅

신이 죽었다면, 이제 우리 인간은 어떻게 해야 할까?

신은 죽었다고?
니체 이놈 뭔 소리야?

플라톤 사상과 기독교에서 현실세계는 잠깐 거쳐가는 간이역일 뿐, 종착역은 현실세계가 아니라 저 세상이다. 니체는 현실세계를 부정하는 이런 철학을 니힐리즘, 즉 수동적 허무주의라고 비판한다.

니체는 "신은 죽었다"는 선언을 통해 현실 너머의 변하지 않는 저 세상, 이데아를 없애버린 것이다. 그러니 현실을 긍정하고 받아들여야 한다. 이것이 능동적 허무주의다.

니체는 스위스의 질스마리아에 머물 때, 호숫가를 산책하다가 바위 앞에서 영원회귀 사상에 대한 영감을 받았다고 한다.

세상에 존재하는 모든 것은 항상 변한다. 지금 이 순간에도 무언가가 계속 생성되고 있다. 이런 생성이라는 사건은 영원히 반복된다. 카세트테이프가 반복해서 돌아가듯, 이 세계가 영원히 똑같이 반복된다는 것이다.

그러니 자신의 운명을 사랑하라(아모르 파티)! 힘들고 고난에 가득 차 있을지라도, 내 운명을 더욱 사랑스럽게 만들기 위해서 운명을 개척하라. 자기 자신을 극복하는 인간인 '위버멘쉬'가 돼라.

위버멘쉬(Übermensch)에서
위버는 over(~을 넘어서), 멘쉬는 man이다.

고대부터 근대까지의 서양철학과 도덕은 니체의 "신은 죽었다"는 선언을 통해 뒤집어졌고, 비로소 현대철학의 새로운 문이 열리게 된다.

∼ 정신병원에서 인터뷰 ∼

사회자

> 서양철학사에서 반항아의 원조라고 할 수 있는 니체 님을 모셨습니다. 안녕하세요.

내가 반항아의 원조라고요?

사회자

> 그렇습니다. 니체 님을 플라톤에서 헤겔로 이어지는 전통적인 서양철학을 거부한 반항아 철학자라고들 합니다.

> 반항아인 건 맞지만, 그렇다고 원조는 아닙니다.

니체

사회자

> 그럼, 누가 원조죠?

> 쇼펜하우어 님이 원조예요. 어릴 적 그의 영향을 받아 반항아가 된 거예요.

니체

사회자

> 어떻게 영향을 받았나요?

> 어느 날 중고서점에 들렀는데 뒤에서 "나를 집으로 가져가라"라는 소리가 들렸어요. 깜짝 놀라 뒤를 돌아보니 책이 말을 하는 거예요! 그것이 바로 쇼펜하우어 님의 『의지와 표상으로서의 세계』입니다. 사실 그때까지는 쇼펜하우어 님이 누구인지도 몰랐어요.

니체

사회자

> 그래서요?

> 그 책을 얼른 샀죠. 바로 읽기 시작했는데 정말 놀라웠어요. 14일 동안 아침 6시에 일어나 새벽 2시까지 그 책만 읽었어요.

니체

사회자

쇼펜하우어 님의 어떤 점이 그렇게 놀라웠나요?

전통적인 서양철학에선 인간의 이성을 강조하죠. 그런데 쇼펜하우어 님은 그걸 완전히 뒤집어버렸어요. 세계를 움직이는 것은 이성이 아니라 의지와 욕망이라는 거예요. 완전히 새로운 관점이었어요.

니체

사회자

그래서 니체 님이 전통적인 철학과 기독교에 반대했던 거군요.

망치를 든 철학자

전통적인 철학과 기독교 사상은 현실세계를 부정하고 이상적인 이데아 세계, 하늘나라만을 긍정하죠. 근데 중요한 건 현실세계예요. 현실세계를 긍정해야 합니다.

니체

사회자

니체 님이 현대 철학의 출발이라고들 합니다.

정신+병원

그렇군요. 그런데 말년에는 뇌에 균이 들어가서 진행성 마비로 정신병원에서 10여 년을 보내야 했어요. 정말로 힘들었죠. 하지만 비록 고통스러울지라도 현실을 긍정해야겠죠.

니체

사회자

그래서 아모르 파티, 즉 자신의 운명을 사랑하라고 했던 거군요.

비록 현실이 고통스러울지라도, 삶을 사랑해야 합니다.
힘들었지만 나도 그렇게 살았고요.

죽음에 이르는 병

19세기 덴마크 철학자 키르케고르는 평생을 불안과 죽음에 대한 공포 속에 살았다. 그가 지은 책 제목부터 심상찮다.

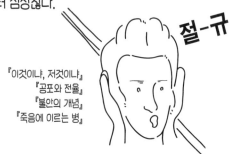

『이것이냐, 저것이냐』
『공포와 전율』
『불안의 개념』
『죽음에 이르는 병』

절-규

우울증과 자책이 심한 아버지는 자식들이 예수가 죽은 나이인 33세를 넘기지 못할 것이라고 생각했다. 실제로 7남매 중 5명이 33세 이전에 죽었다. 막내 키르케고르는 자신도 33세를 넘기지 못할 것이라고 생각했다.

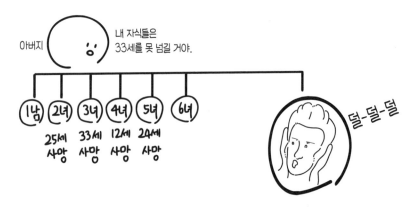

아버지

내 자식들은
33세를 못 넘길 거야.

1남 2녀 3녀 4녀 5녀 6녀

25세
사망
33세
사망
12세
사망
24세
사망

덜-덜-덜

키르케고르는 불안과 공포를 기독교의 하느님을 통해서 대면하고 극복하려 했던 것 같다. 불안과 공포, 그리고 신앙심의 조합으로 나타난 철학이 바로 키르케고르의 실존주의라고 할 수 있다.

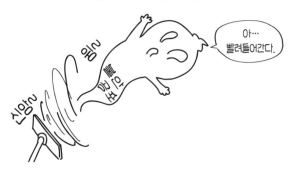

아…
빨려들어간다.

신앙심

믿음

우울증과 자책

키르케고르는 대학시절 신을 버리고 방탕한 생활을 하다가 후에 작은 교회의 목사가 되려고 했다. 그러나 형식적 의식과 기복적 성향이 강했던 당시 덴마크 교회에 반기를 들게 되고, 결국 목사가 되지 못했다.

42세에 거리에서 쓰러져서 한 달 만에 죽었다. 아버지가 맹신했던 33세는 넘겼지만 그래도 너무 빨리 갔다.

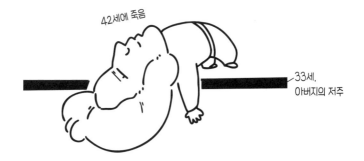

인간은 불안하다. 신은 에덴동산의 아담에게 사과를 따먹지 말라고 하면서도, 사과를 따먹을 선택의 자유를 주었다.

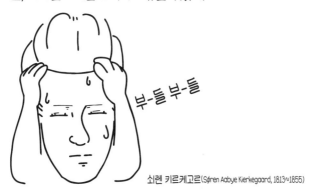

쇠렌 키르케고르(Søren Aabye Kierkegaard, 1813~1855)

인간은 죽을 수 있는 자유, 악을 행할 수 있는 자유가 있다. 이런 선택의 자유가 있기에 인간은 불안하다. 그렇다면 불안한 인간은 어떻게 살아야 할까?

키르케고르에 따르면 인간의 실존에는 3단계가 있다. 심미적 실존 단계에서 인간은 끊임없이 새로운 쾌락을 찾아다니지만 결국 만족을 하지 못한다.

윤리적 실존 단계에서 인간은 바르게 살기 위해 노력하지만, 그럴수록 자신이 윤리적이지 못한 존재라는 것이 드러나기에 여전히 불안하다.

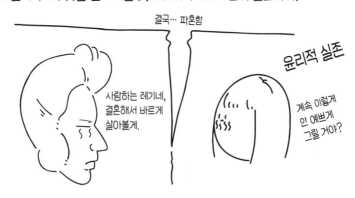

인간은 종교적 실존을 통해 신을 믿음으로써 비로소 불안에서 벗어날 수 있다.

종교적 실존

헤겔은 보편적 이성을 강조했고, 쇼펜하우어는 보편적 의지를 강조했다.

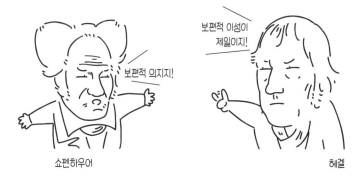

보편적 의지지!

보편적 이성이 제일이지!

쇼펜하우어

헤겔

하지만 키르케고르는 보편적인 것이 뭐가 중요하냐고 반문한다. 중요한 것은 그냥 '나'라는 하나의 개별자로서의 인간이라고 한다.

중요한 건 나야.

인간의 영혼은 무한한 가능성을 꿈꾸지만, 인간은 결국 육체에 갇힌 존재일 뿐이다. 육체를 가진 인간은 유한한 필연성의 세계에 속해 있으면서도, 영혼을 가지고 있기에 무한한 가능성을 꿈꾼다.

인간은 이처럼 모순적인 존재이기에 절망을 할 수밖에 없다. 키르케고르는 이러한 절망을 '죽음에 이르는 병'이라고 한다.

이제 가면
언제 오나…

죽음에 이르는 병

묵-념

인간은 이처럼 모순적인 존재이기에, 사람들은 자신이 절망 상태에 있다는 것조차 깨닫지 못한다. 그저 욕망에 따라 탐닉하며 산다. 하지만 탐닉에는 끝이 없기에 결국 절망하게 된다. 이것이 '무지의 절망'이다.

갖고 싶다, 갖고 싶다.

번-쩍

무지의 절망

어떤 사람들은 현재의 자기 자신을 받아들이지 못한다. 이러한 절망을 '취약함의 절망'이라고 한다.

넌 왜
이렇게 생겼니?

거울

취약함의 절망

어떤 사람들은 자신이 절망 상태에 있다는 것을 알고, 거기서 벗어나기 위해서 삶의 의미와 가치를 끊임없이 찾는다. 하지만 결국 절망에서 벗어나지 못하고 좌절해서 자살에까지 이른다. 이것이 '반항의 절망'이다.

왜 사냐고 묻거든….

반항의 절망

키르케고르는 인간은 절망으로부터 벗어날 수 없지만, 결단을 통해서 신에 대한 믿음을 가질 수 있고, 이러한 종교적 실존을 통해 절망을 견딜 수 있다고 보았다.

손 꼭 모음

절망 ←— 반대 —→ 신앙

키르케고르에게 절망의
반대말은 희망이 아니라 신앙이다.

나치로부터 유대인 아내를 지킨 철학자

야스퍼스는 끔찍한 나치의 시대(1933~1945)를 살았다. 1933년 독일에서 국민들의 투표(!)로 나치가 집권했다. 야스퍼스는 아내가 유대인이었기에 대학 교수에서 물러나야 했고, 출판 등 모든 활동을 금지당했다.

대학에서 나가!

나치

대학

유대인 아내

카를 야스퍼스(Karl Jaspers, 1883~1969)

2차 세계대전이 벌어지고 유대인 학살이 시작되자, 야스퍼스와 아내는 수용소에 끌려갈 때를 대비해서 극약을 가지고 다녔다고 한다.

유대인 수용소

지금까지 철학은 우리가 외부의 대상을 어떻게 인식할 수 있는가에 주목했다. 하지만 야스퍼스는 진정한 철학적 과제는 '자기 자신을 있는 그대로 자각하는 것'이라고 보았다.

인간은 사과(외부 대상)를 어떻게 인식할까?

철학적 과제는 자신을 있는 그대로 자각하는 거죠.

칸트

야스퍼스

야스퍼스에 따르면 동물 등과 구별되는 인간의 실존방식은 3가지다. 먼저 인간은 선택의 자유를 가지고 있다. 어떤 것을 선택함으로써 자신이 어떤 사람인지를 규정할 수 있다. 선택은 인간의 고유한 특성이다.

또한 인간은 다른 사람들과 관계를 맺는 존재다. 인간은 개별자이고 단독자로서 고독한 존재이면서도, 어떤 방식으로든 타자와 관계를 맺는다.

인간은 관계를 맺는 존재

아울러 인간은 역사적 존재다. 인간은 자유의지를 가지고 다른 사람과의 관계속에서 선택을 하고, 그러한 선택을 통해서 역사에 참여한다.

바스티유 감옥을 부수는 군중들

우리는 살다보면 피할 수 없고 어찌할 수 없는 죽음, 생존경쟁, 고통, 죄 등에 직면하게 된다. 야스퍼스는 이것을 '한계상황'이라고 한다. 붓다가 말한 생로병사와 비슷하다.

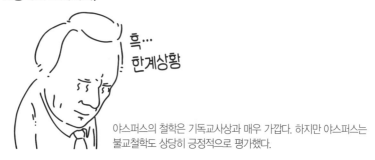

흑…
한계상황

야스퍼스의 철학은 기독교사상과 매우 가깝다. 하지만 야스퍼스는 불교철학도 상당히 긍정적으로 평가했다.

야스퍼스는 세계를 합리적 이성으로 파악되는 세계, 그리고 한계상황에서 실존적 자각을 통해 나타나는 초월세계로 나눈다. 이 두 세계의 총체를 '포괄자'라고 한다.

이성세계

초월세계

그럼 세계가 두 개란 거야?

두 세계의 총체는 포괄자

초월세계는 언어로 기술할 수 없고 직접적으로 인식되지도 않는다. 하지만 우리는 초월세계가 있다는 것을 그 세계로부터 온 암호를 통해서 알 수 있다. "결단을 통해서 한계상황을 넘어서라."

초월세계

암호

결단을 통해
한계상황을 넘어서라.

인간은 한계상황에서 좌절할 때, 비로소 자기 자신을 자각하고 실존적 자각을 하게 된다.

비로소 자신을 둘러싸고 있는 껍데기를 다 제거하고, 자신의 벌거벗은 모습을 직접 대면하게 된다. 이것을 '실존조명', '실존의 밝아짐'이라고 한다.

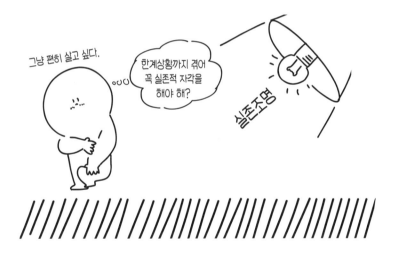

한마디 :

희망은 어떤 상황에서도 필요하다.

네 멋대로 살아라

프랑스의 실존주의 철학자 사르트르는 아주 왜소한 체구에 못생기고 눈이 사시였다고 한다. 하지만 지적 대화와 유머감각으로 여성들에게 인기가 매우 높았다. 시몬느 보봐르와의 계약결혼으로도 유명하다.

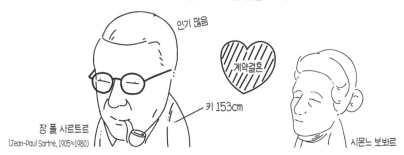

인기 많음

계약결혼

키 153cm

장 폴 사르트르
(Jean-Paul Sartre, 1905~1980)

시몬느 보봐르

사르트르는 20세기 대표 실천지식인으로 불린다. 68운동 등에 적극적으로 참여했으며, 소설가이자 극작가로서 노벨 문학상에 선정됐으나 수상을 거부한 것으로도 큰 화제를 불러일으켰다.

이거나 가져가~

노벨상 위원회

됐어요!

서구 작가에게 편향된 상…. 나는 공식적인 명예는 늘 거부해왔다!

68운동은 1960년대 후반 프랑스에서 일어난 저항운동. 강압적 기존질서에 저항하며 대학가에서 시작돼 유럽 전역으로 퍼졌다.

의자의 본질은 사람이 앉을 수 있는 것이다. 이때 본질은 '어떤 것이 존재하는 이유, 목적'이다. 그런데 인간은 존재하는 이유, 목적, 기능 같은 것이 없다.

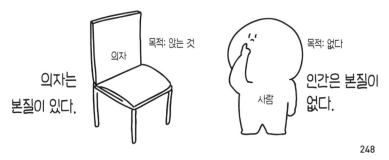

목적: 앉는 것

의자

의자는 본질이 있다.

목적: 없다

사람

인간은 본질이 없다.

248

우리 모두는 그냥 세상에 던져졌다. 이것을 피투성(被投性)이라고 한다. 인간은 태어난 목적, 기능 혹은 가치가 없고 그냥 실존한다. 따라서 "인간의 실존은 본질에 앞선다."

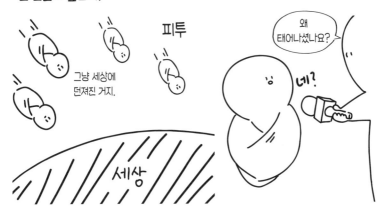

인간은 이처럼 아무런 목적도 이유도 없이 그냥 세상에 던져졌으므로, 어떤 것을 선택하든 그것은 우리의 자유다. 인간은 자유를 '선고받았다.'

그런데 인간은 주어진 목적도 기능도 없기에 불안하다. 따라서 우리는 선택을 하면서 현재를 넘어 미래를 향해 스스로를 던져야 한다. 인간의 이러한 실존방식을 기투(企投)라고 한다.

다만, 나의 선택이 다른 사람들한테 어떤 영향을 미치는지도 고려하라. 이것이 앙가주망(Engagement, 계약·구속)이다. 앙가주망은 정치나 사회문제에 적극적으로 참여하는 것을 말한다.

사르트르의 실존주의 철학을 한마디로 정리하면 이렇다. "인간은 피투성으로 태어났지만 기투하는 존재다."

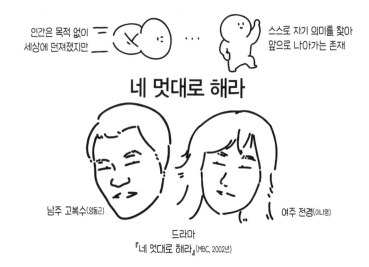

인간은 목적 없이 세상에 던져졌지만 ··· 스스로 자기 의미를 찾아 앞으로 나아가는 존재

네 멋대로 해라

남주 고복수(양동근) · 여주 전경(이나영)
드라마
『네 멋대로 해라』(MBC, 2002년)

한마디 :

주위 사람에게 왜 사냐고 묻지 말자.

∾ 실존주의자들 모여라 ∾

사회자

키르케고르 님은 무슨 걱정이 있는지요? 얼굴빛이 어두우신데….

원래 걱정이 많아요.
죽음에 대한 공포 등등.

사회자

왜 그랬죠?

아버지가 우울증이 심했고, 자신이 죄인이라서 자식들이 일찍 죽을 거라고 생각했죠. 정말 형제 6명 중 4명이 33세가 되기 전에 죽었죠.

키르케
고르

사회자

굉장히 힘드셨겠군요.

그래서 젊었을 때 사랑하는 약혼녀 레기네 올슨과 헤어졌죠.

키르케
고르

사회자

왜죠?

좋은 남편이 될 수 없을 것 같았어요. 내가 얼마나 살지도 모르겠고…. 말 그대로 사랑하기 때문에 헤어진 겁니다. 하지만 내 사랑은 변하지 않았죠. 평생을 독신으로 살았어요.

키르케
고르

사회자

근데 나중에 유부녀가 된 레기네를 찾아가서 한 번만 만나달라고 애원했다면서요.

그 얘기는 하고 싶지 않군요. …

키르케
고르

사회자

아… 야스퍼스 님은 부인에 대한 사랑이 유명한데요.

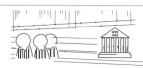

나치 정권이 유대인 아내와 헤어지라고 협박했을 때, 미련 없이 대학 교수직을 버렸죠. 유대인 탄압이 더욱 거세지자, 아내와 함께 수용소에 끌려가느니 차라리 죽자고 약속했죠.

야스퍼스

사회자

굉장히 힘드셨겠네요.

한계상황이었죠. 하지만 그런 한계상황을 겪었기에 실존적 자각을 할 수 있었습니다.

야스퍼스

사회자

사랑 하면 또 빠질 수 없는 분이 사르트르 님이죠. 보봐르 님과의 계약결혼으로 유명합니다.

우리의 사랑은 앞의 두 분과 다릅니다. 일종의 동지애 같은 것이었죠.

사르트르

사회자

서로의 사생활에 간섭하지 않았다면서요.

우리 계약결혼의 조건이었죠. 보봐르에겐 많은 남성이 있었고, 나한테도 많은 여성이 있었지만 서로 질투하지 않았어요. 우리는 죽어서 같은 곳에 묻혔어요.

사르트르

사회자

들리는 소문에 의하면, 옆에 묻힌 보봐르 부인의 손에는 다른 남자가 준 반지가 있다던데요….

네, 정말요? 그건 몰랐습니다.ㅠㅠ

사르트르

사회자

아닙니다. 제가 말실수를 한 것 같습니다. 실존주의자 세 분을 모셔놓고, 어쩌다 보니 사랑 얘기만 한 것 같네요. 하긴 사랑이 실존의 문제이긴 하죠. 하하하.

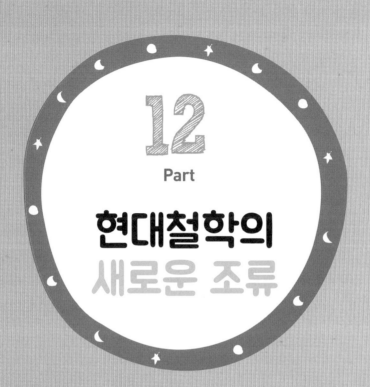

Part

12

현대철학의
새로운 조류

의식에서 피어난 철학

독일 철학자 후설은 현상학의 창시자로 불린다. 후설도 말년에 나치의 시대를 살아내야 했다. 1933년 나치가 집권하자 도서관 출입을 금지당했고 철학학회로부터 쫓겨났다.

너 유대인! 도서관 출입 금지

철학자로 살아왔고 철학자로 죽고 싶다.

아… 철학학회마저 날 내쫓다니 나치에 부역하는 놈들

에드문트 후설(Edmund Husserl, 1859~1938)

후설은 나치가 기승을 부리던 1938년에 죽었는데 "나는 철학자로 살아왔고 철학자로 죽고 싶다"라는 유언을 남겼다. 그의 글은 다행히 한 신부가 나치의 눈을 피해 미리 벨기에로 옮겨서 지금도 남아 있다.

4만여 장… 많이도 썼네.

후설이 활동하던 19, 20세기, 서양은 과학주의, 객관주의, 실증주의가 온통 휩쓸고 있었다.

19세기 후반~20세기 초반

과학주의 객관주의 실증주의 문학 심리

이게 학문이지.

모든 학문, 이를테면 심리학·사회학·윤리학·정치학 등에도 과학적 방법론을 적용하려 했다. 후설은 이것이 학문의 위기, 문화의 위기를 가져온다고 했다.

학문은 인간의 직접적인 삶과 일상에 의미를 부여해야 하고, 철학은 인간의 정신, 의식, 내면을 직접 탐구해야 한다. 후설은 이렇게 주장하며 현상학을 내세웠다.

후설은 우선 인간의 의식에 주목한다. 인간의 의식은 투명하고, 개별적인 경험이 하나로 묶여진 것이며, 흘러가는 것이고, 지향적이다.

의식이 들어온 대상에 의미를 부여하는 작용을 노에시스라고 하고, 의미가 부여된 것을 노에마라고 한다. 그렇다면 진짜로 존재하는 것은 의식일까, 아니면 대상일까? 이 문제는 철학의 단골 소재다.

실재론자들은 존재하는 것은 의식 밖에 있는 '대상'이라고 하고, 관념론자들은 존재하는 것은 '의식'일 뿐이라고 하지만,

후설은 의식과 대상은 따로 존재하는 것이 아니라, 의식이 곧 대상이라고 한다. 따라서 진리를 찾기 위해서는 나의 의식을 꼼꼼하게 살펴야 한다.

그렇다면 나의 의식을 어떻게 살펴야 진리를 찾을 수 있을까? 철학을 하려면 자연적 태도로 세상을 봐서는 안 된다.

자연적 태도란 우리가 살면서 일상적으로 취하는 태도를 말한다. 자연적 태도는 눈앞의 대상에 집중하게 되고 편협하다.

철학을 해서 진리를 찾으려면 현상학적 환원을 통해 현상학적 태도를 가져야 한다. 현상학적 태도는 선입견 없이 나의 순수한 의식으로 대상의 본질을 파악하는 것이고, 이는 초월적 자아를 발견하는 것이기도 하다.

후설은 현상학적 환원을 통해서 모든 가정과 전제를 제거하고, 결국 그 안에서 나의 순수의식을 찾아내며, 그런 순수의식을 통해서 철학을 다시 엄밀한 학문으로 만들 수 있다고 본 것이다.

존재에 주목한 철학

서양철학은 원래 만물의 근원이 무엇인지, 실체가 무엇인지 등 존재자에 대해서만 주목했다. 존재(존재자의 존재방식/상태)에 대해서는 관심이 없었다.

서양철학이 2500여 년 동안 존재를 이토록 망각하고 살았기에, "우주는 왜 존재하는 걸까요?" 같은 존재에 관한 물음을 들으면 뭘 이런 걸 물어보나, 이상한 기분마저 든다.

독일 철학자 하이데거는 서양철학을 '존재 망각의 역사'라고 하고, 『존재와 시간』이라는 무시무시한 책을 썼다. 얼마나 어려운지, 독일인들조차 "언제 독일어로 번역되냐?"는 농담을 했을 정도이다.

마르틴 하이데거(Martin Heidegger, 1889~1876)

258

하이데거는 우리가 일상적으로 쓰는 언어가 너무 오염되어 있어서 철학을 할 수 없다고 생각했다. 그래서 자기가 직접 새로운 언어를 만들어 버렸다.

우씨, 내가 문제라네.

하이데거는 존재가 뭔지 밝히기 위해서 먼저 인간이 뭔지 밝히려 했다. 그런데 '인간'이라는 말도 만물의 영장이니 뭐니… 오염되어 버렸다.

'인간'이란 말도 오염됐어.

버려!

인간

국어사전

인간
: 신을 닮은 만물의 영장

하이데거는 오염된 인간이란 말 대신 다-자인(Da-sein)이라고 했다. '거기-있음', 우리말로는 '현존재'다. 인간은 다른 존재자들과 관계를 맺으면서 생긴 의미 속에서 존재한다는 뜻이다.

다·자인

응.
디자인 아냐.

맘대로
막 만드네.

이전 철학자들은 나를 주체로, 세계를 객체로 놓고, 주체인 내가 어떻게 객체인 세계를 인식하는지에 주목했다. 하지만 하이데거는 세계란 현존재(인간)와 다양한 방식으로 관계를 맺음으로써 형성된 일종의 의미체계라고 보았다.

아리스토텔레스는 인간을 인간답게 만드는 것은 이성이라고 했지만, 하이데거는 현존재를 현존재로 만드는 것은 그 존재방식이라고 한다.

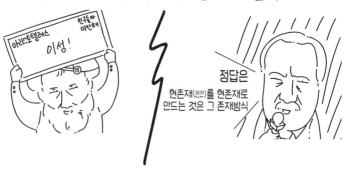

동물과 현존재는 존재방식이 다르다. 미어캣은 다 같은 미어캣이지만, 나·트럼프·마돈나 등 현존재는 개별성과 고유성이 있기에 다 다르다. 미어캣은 존재하지만, 현존재는 실존한다.

현존재는 다른 이들을 염려하는 존재자이다. 타인을 염려하는 건 인간(현존재)의 특징이다.

또한 현존재는 피투성을 가진 존재자이다. 인간은 태어나고 싶어서 태어난 것이 아니고, 그냥 세상에 내던져졌다.

중요한 것은 사물들의 존재방식, 즉 현존재와 관계를 맺는 방식인 쓰임새다.

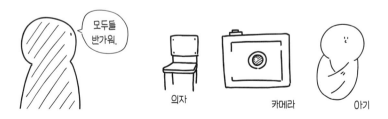

의자나 카메라처럼 현존재에게 쓸모가 있는 도구의 존재방식은 '손-안에-있음'이다.

종이뭉치는 아무런 쓸모가 없으나, '이게 뭐지?' 하고 펴서 볼 때 나에게는 인식의 대상이 된다. 이런 존재방식을 '눈-앞에-있음'이라고 한다.

현존재는 다른 현존재들과 관계를 맺는다. 이러한 다른 이(타자)들을 '함께-있음'이라고 한다. 현존재는 대상도 타자와의 관계 속에서 본다.

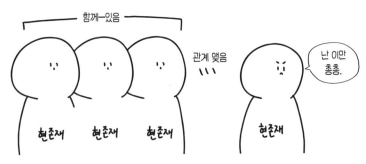

또한 현존재는 과거 경험의 영향을 받고, 그것을 통해서 현재의 자신을 규정하면서 미래 자신의 가능성을 구상한다. 이런 존재방식을 '시간성'이라고 한다.

인간은 유한한 육체를 가진 존재이며 언젠가는 죽는다. 그런데 왜 철학은 이데아니 보편이니 이성이니 이딴 얘기만 하지? 우리 인간은 우연히 세상에 내던져졌고, 죽음을 향해가는 개별적인 존재자라는 것을 직시해야 한다.

죽음을 앞두면 정말로 중요한 것이 보인다. "죽음을 자각하는 자만이 일상성에서 벗어나 본래적인 삶을 살 수 있다."

∿ 현상학자들 모여라 ∿

사회자

후설 님을 현상학의 창시자라고들 합니다.

아, 그런가요? 나는 의식과 대상이 따로 존재하는 것이 아니라고 생각해요. 나의 의식이 곧 대상이에요. 그래서 진리를 찾기 위해서는 의식을 주의 깊게 들여다봐야 합니다.

후설

사회자

그 방법이 바로 현상학적 환원인 거군요.

현상학적 환원을 통해서 순수의식을 찾아내고, 순수의식을 통해서 철학을 다시 엄밀한 학문으로 만들 수 있습니다. 하지만 현상학이 내 철학의 전부는 아니에요. 나는 굉장히 많은 글을 썼죠. 나치 때문에 유대인이라는 이유로 출판하지 못했을 뿐이에요. 속상해요.

후설

하지만 우리는 후설 님이 남긴 글을 전부 볼 수 있답니다. 어떤 신부님이 후설 님의 4만여 장의 원고를 나치의 눈을 피해서 몰래 벨기에로 옮겨놓았습니다.

참 고마운 분이군요.

후설

사회자

하이데거 님은 후설 님의 제자였지요? 그런데 후설 님과는 철학에 대한 관점이 다른 것으로 알고 있습니다.

나는 철학이 해명해야 할 것은 존재 자체의 문제라고 생각합니다. 그래서 쓴 책이 『존재와 시간』이죠. 분명히 후설 님의 현상학의 영향을 받았지만, 그렇다고 현상학에 관한 책만은 아니에요. 서양철학의 존재론을 새롭게 출발해야 한다고 주장했습니다.

하이데거

264

사회자

사람들은 『존재와 시간』이 너무 어렵다고들 해요. 그러면서도 열심히 연구하고 있죠.

내가 좀 어렵게 썼죠? 일부러 그랬어요. 말이 어려울수록 귀하게 여기는 사람들이 있기 때문이에요. 하하하, 나한테 낚인 겁니다.

하이데거

사회자

좀 너무하셨네요. 얼마나 많은 학생들이 『존재와 시간』을 읽으려고 고생하는데….

아무튼 그건 미안하게 됐습니다.

하이데거

사회자

하이데거 님은 나치의 유대인 탄압에 동조하고, 심지어 유대인인 스승 후설 님이 대학에서 쫓겨나는 걸 묵인했다는 비판이 있습니다.

사회자

하이데거 님이 침묵으로 일관했기 때문에, 후대 사람들은 여전히 왜 그때 나치에 동조했는지에 대해 이야기를 하고 있습니다. 그러니 한 말씀 해주시죠.

노코멘트 하겠습니다.

하이데거

사회자

그러면 제자인 한나 아렌트와의 염문설은 진짜입니까?

아니, 철학 이야기를 한다고 해놓고 사적인 질문을 하면 어떡합니까? 그것도 노코멘트 하겠습니다!

하이데거

사회자

앗, 제 실수입니다. 아무튼 한나 아렌트와는 나중에 인터뷰 계획이 있으니까 그때 묻기로 하고요. 여기서 마쳐야 할 것 같습니다. 감사합니다.

철학을 수학처럼, 수학을 철학처럼

19세기 말 독일의 철학자이자 수학자인 프레게는 살아 있는 동안 주목을 받지 못했다. 모교 예나대학에서 45년 동안 수학을 가르쳤지만, 심혈을 기울여 쓴 책은 전혀 팔리지 않았고, 죽은 후 제자 러셀을 통해 빛을 보게 되었다.

프레게는 수학을 논리학처럼 만들기 위해 기호논리학을 내놓았다. 제자인 러셀이 이를 철학적 사고의 도구로 사용함으로써 분석철학이 시작됐다.

분석철학의 토대를 닦은 철학자로 러셀, 비트겐슈타인, 카르납을 꼽는데, 프레게는 이들 모두에게 영향을 미쳤다.

프레게는 기호논리학을 통해 현대 논리학의 새로운 지평을 열었으며, 컴퓨터의 할아버지쯤으로 보는 시각도 있다.

그러나 프레게는 파시스트였고 의회민주주의에 적대적이었다. 사후 그의 일기장에서 반유대주의를 추종했다는 게 밝혀지기도 했다. 제자인 20세기 지성 러셀은 프레게의 정치적 견해가 자신을 고통스럽게 한다고 밝힌 바 있다.

프레게는 언어를 명료하게 사용함으로써 많은 철학적 문제를 해결할 수 있다고 믿고, 언어를 분석하는 작업을 했다.

이전에는 서울, 철수 같은 고유명사의 의미에는 지시체만 있다고 생각했다. 하지만 프레게는 고유명사의 의미에는 지시체만이 아니라 뜻도 있다는 것을 증명했다.

'홍길동'이라는 말을 보면 소설 속 가상인물이므로 고유명사의 지시체는 없다. 하지만 우리는 홍길동을 안다. 이처럼 홍길동이란 말에 뜻도 있기에 "홍길동은 아버지를 아버지라고 부르지 못했다"라는 문장이 의미를 가질 수 있다.

누군가 "호날두"라고 했다면 지시체는 호날두라는 사람 그 자체이다. 하지만 사람들의 머리에 떠오른 인상은 훌륭한 축구선수, 갑부, 누군가는 한국 팬들을 실망시킨 이미지를 떠올릴 것이다.

뜻은 많은 사람들이 공통적으로 공유하는 객관적인 속성이고, 인상은 주관적 속성이다. 그러고 보면 뜻은 지시체와 인상 사이에 걸쳐 있다고 볼 수 있다.

프레게는 언어가 무엇인가를 기술하는 방식이 매우 복잡한데, 많은 철학적 문제들이 거기서 발생한다고 한다. 이후 분석철학자들은 언어를 명료하게 분석하면 많은 철학 문제들을 해결될 수 있다고 믿게 되었다. 프레게의 철학에서 현대철학의 큰 줄기인 분석철학이 잉태된 것이다.

한마디 :

말을 명료하게 하자.
그것만으로도 문제의 반 이상은 해결된다.

20세기 핫이슈 메이커

20세기 최고 지성 러셀은 영국 명문가 출신으로 백작 작위를 물려받아 '러셀 경'으로 불렸다. 그의 가문은 16세기 이후 명예혁명 등 영국 정치사의 중심에 있었고, 귀족 가문으로선 특이하게 매우 진보적 입장에 서왔다.

백작님!

원래 차남,
형이 죽어 후에 작위를 물려받음.
버트런드 러셀(Bertrand Russell, 1872~1970)

러셀도 이런 가문의 전통을 이어받았다. 여성 참정권을 주장하다가 하원의원 선거에 두 번이나 낙선했고, 1차 세계대전 땐 반전시위로 6개월형을 살았으며, 1950년대 후반엔 아인슈타인 등과 함께 반핵운동을 벌였다.

러셀,
어서 와.
같이 하자.

아인슈타인

90대에도 베트남전쟁 반대 시위에 참여했다가 투옥되었다. 여론이 "90대 노인까지 잡아가냐?"며 편을 들자, 러셀은 "나이가 많다는 게 면죄부냐? 나이가 많은 만큼 더 철저히 자신의 행동에 책임져야 한다"고 했다.

나이가 많은 게
뭔 면죄부냐?
괜찮아.

님 좀 짱인 듯

러셀

NO WAR

90대 노인을
감옥에
가두다니….

1945년 출판한 『서양철학사』는 엄청난 베스트셀러가 되었고 '70여 권의 저술활동으로 노벨문학상을 받았다. 또한 분석철학의 창시자이자 집합론을 통해 수학의 새로운 문을 열었다.

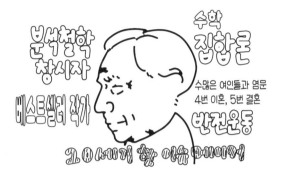

존재론은 존재란 무엇인가, 진짜로 존재하는 것이 무엇인가를 묻는 철학이다.

19세기 오스트리아 철학자 알렉시우스 마이농은 "황금산은 존재하지 않는다"라는 문장에서 황금산이 현실세계에는 존재하지 않지만, 다른 세계 어딘가에 다른 방식으로 존재한다고 생각했다.

알렉시우스 마이농
(1853~1920)

마이농에 따르면, 신, 선의 이데아, 유니콘, 정의, 둥근사각형도 존재한다. 그러면 우리가 말하는 모든 것이 존재해야 하니 세상에 존재하는 것이 너무 많아진다(팽창된 존재론).

러셀은 이런 존재론은 언어 때문에 생긴 것이고 헛소리라고 한다. 러셀에 따르면, 기술구는 어떤 대상을 지시하는 게 아니라 어떤 상태를 설명하고 있을 뿐이다. "홍길동이 울었다"라고 하면 우리는 홍길동을 떠올린다.

그런데 기술구는 따로 분리하면 아무 의미가 없다. 오직 문장 속에서만 어떤 역할을 할 뿐이다. 즉, 홍길동 같은 고유명사나 기술구가 어떤 것이 존재한다는 의미를 가지고 있지는 않다.

그런데 우리가 고유명사나 기술구를 주어 자리에 놓아 '주어+서술'의 형식을 사용함으로써 실제로 존재하는 것처럼 착각하게 된다. 러셀은 존재론은 이러한 착각으로부터 생긴 학문이라는 것이다.

러셀은 존재론이 사실은 멍청한 학문일 뿐이라며, 플라톤으로부터 2500여 년 동안 이어진 존재론을 한방에 정리해 버렸다.

러셀은 언어를 명료하게 분석하면 많은 철학적 문제들을 풀 수 있다는 분석 철학의 창시자가 되었다.

말할 수 없는 것에 침묵하라

20세기 가장 주목받은 철학자 비트겐슈타인은 타임지 선정 '20세기 가장 영향력 있는 인물 100인'에 철학자로서 유일하게 이름을 올렸다.

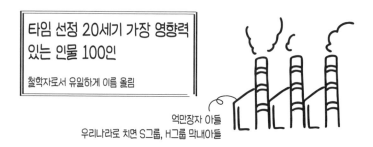

타임 선정 20세기 가장 영향력 있는 인물 100인

철학자로서 유일하게 이름 올림

억만장자 아들
우리나라로 치면 S그룹, H그룹 막내아들

비트겐슈타인은 독일 철강 재벌의 막내아들로 태어났다. 그냥 부자가 아니라 억만장자 집안이다. 브람스, 말러 등이 집에 와서 연주했고, 클림트가 누나의 초상화를 그렸으며, 넷째 형은 세계적인 피아니스트가 됐다.

브람스가 집에 와서 연주

외가는 예술적 피가 흐름

오～
짝-짝-짝

그런데 이 억만장자 집안에는 우울증과 자살이 감돌았다. 첫째, 둘째, 셋째 형이 자살했고, 비트겐슈타인도 자살충동에 시달렸다.

후… 다 가질 순 없는 건가?

루트비히 비트겐슈타인
(Ludwig Wittgenstein, 1889~1951)

비트겐슈타인은 기계와 물리에 관심을 갖게 되었고, 항공 관련 논문으로 공학 박사학위를 받았으나,

한때 비행기 조종사가 꿈

공대오빠

러셀과 화이트헤드의 『수학원리』를 보고 프레게의 제자가 되고 싶었으나 거절당하고, 후에 러셀의 제자가 되어 철학강의를 들었다.

비트겐슈타인

프레게 님, 제자가 되고 싶어요.

귀찮고 이상한 ㄴ…

내 제자 러셀한테 가봐.

프레게

프레게 님이 보내서 왔어요.

이상한 ㄴ…

스승님도 참 귀찮게… 일단 글 하나 써와 봐!

러셀

몇 장 끄적거려 봤어요.

오~ 천잰데…

비트겐슈타인은 초등학교 교사로 일하다 쫓겨났고(아이들을 때려서), 아버지가 죽고 큰 유산을 물려받았으나 주위에 나눠줬다. 한때는 오두막에서 은둔생활을 했다. 케임브리지대학에서 교수로도 일했고, 한때는 런던의 병원에서 약품 관리 봉사일을 했다.

억만장자 아들이 왜 이런 집에 살았을까?

전기도 없는 오두막

암으로 62세인 1951년 세상을 떠나며 이런 유언을 남겼다. "사람들에게 내 삶이 멋있었다고 전해주오." 억만장자 집안에서 태어나 천재적 머리를 가졌음에도 자살충동과 우울증에 시달리며 살던 그가 말년엔 평안을 얻은 걸까?

비트겐슈타인은 1차 세계대전 때 오스트리아군에 자원했고 장교로 훈장도 여러 개 받았다. 포병, 최전방 조종사, 곡사포 연대 등에서 씨웠는데 용감했던 모양이다.

1918년 이탈리아의 포로가 됐는데, 전쟁터와 포로수용소에서 틈틈이 쓴 책이 『논리철학 논고』이다. 비트겐슈타인은 이 책에서 그림이론을 내놓았다.

고흐의 「아를의 침실」이라는 그림을 보면 침대, 창문, 액자 등이 있다. 그림 속에 있는 대상들인 액자와 사각형은 '액자'와 '사각형'이라는 단어에 대응하고, 그림 속의 사각형 액자는 "액자는 사각형이다"라는 명제에 대응한다.

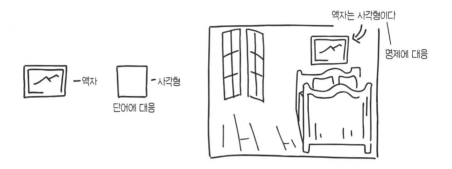

세계는 사각형 액자와 같은 사물들이 아니라 "액자는 사각형이다"와 같은 사실들의 총체이다. 이처럼 언어와 세계는 일대일로 대응한다.

세계는 사실들의 총체이다.

따라서 세계를 파악하기 위해서는 우선 언어의 본질적 의미를 명료하게 해야 한다. 이것을 세계를 그림처럼 보여준다고 해서 '그림이론'이라고 한다.

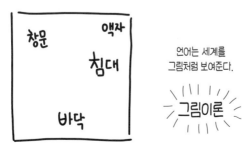

언어는 세계를 그림처럼 보여준다.

비트겐슈타인은 기존의 모든 철학적 문제는 언어가 왜곡되어 만들어진 가짜 문제라고 한다. 형이상학, 윤리학, 종교에서 말하는 신·도덕·자유와 같은 개념이 알고 보면 그냥 말장난일 뿐이라는 것이다.

철학적 문제는
말장난일 뿐

말할 수 없는 것은 말할 수 없는 것이기 때문에 세계 밖에 있다. 따라서 말할 수 없는 것에 대해서는 침묵해야 한다. 세계 안에 있는 것은 수학·논리학·과학이고, 세계 밖에 있는 것은 형이상학·윤리학·종교·철학·예술이다.

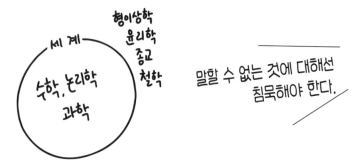

세계

형이상학
윤리학
종교
철학

수학, 논리학
과학

말할 수 없는 것에 대해선
침묵해야 한다.

19세기 말, 20세기 초 논리실증주의자들은 과학만이 진정한 학문이라고 생각했다. 이들은 "말할 수 없는 것에는 침묵하라"는 비트겐슈타인의 주장에 열광했다.

와

님 뭘 좀
아는 듯

논리실증주의자

하지만 이것은 논리실증주의자들의 오해다. 비트겐슈타인이 형이상학·윤리학·종교·예술 등의 명제들이 중요하지 않다고 생각한 것은 아니다. 오히려 더 중요하고 가치 있는 것이라고 봤다.

대부분의 철학자들은 하나의 철학을 계속 끌고 나가지만, 비트겐슈타인은 후기에 그림이론을 포기한다.

어느 날 비트겐슈타인이 이탈리아 경제학자 피에로 스라파와 대화 중, 스라파가 손가락으로 목을 바깥으로 튕기는 제스처를 했다. 이탈리아에서 의문이나 조소를 뜻하는 제스처다. 같은 말이라도 상황에 따라 의미가 달라지는 것이다.

비트겐슈타인은 언어의 의미가 결코 한 가지가 아니라는 것을 깨닫고 언어 용도 이론을 내놓았다. 같은 상어라는 단어도 상황과 맥락에 따라 의미가 달라진다.

언어용도 이론

언어란 상황과 맥락에 따라 달라진다. 따라서 언어와 세계는 일대일로 대응하는 것이 아니다. 언어에는 본질적인 의미 따위가 없다.

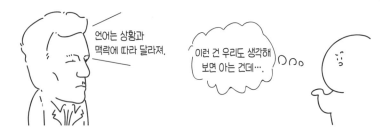

한 가족을 규정하는 본질, 가족 모두의 공통점은 없다. 하지만 아빠와 아들은 체형, 아들과 엄마는 눈매, 엄마와 딸은 느긋한 성격 등 부분적으로 닮을 수는 있다.

가족 유사성

언어도 모두에게 있는 공통점은 없다. 하지만 부분적으로 서로 닮은 '가족 유사성'이 있을 수 있다. 마치 축구경기도 놀이고, 고스톱도 놀이며, 어떤 사람에겐 매주 로또 구매도 놀이인 것처럼.

이러한 입장은 옥스포드대학을 중심으로 한 일상언어학파에 영향을 미쳤다. 일상언어학파는 우리가 쓰는 일상언어 표현의 의미를 명확히 하여 철학 언어들에 비판적으로 접근함으로써 철학적 문제를 해결하려 한다.

한마디 :

말할 수 없는 것엔 침묵해야 한다.
이것만 지키고 살아도 인생이 훨씬 평온해진다.

∿ 분석철학자들 모여라 ∿

사회자

먼저 프레게 님, 어떻게 분석철학을 하게 되었나요?

프레게

나는 원래 수학자예요.

사회자

그런데 어떻게 분석철학자가 된 거죠?

수학을 논리학 위에 올려놓기 위해서 평생 논리학을 연구했죠. 그런데 기호논리학을 연구하다 보니, 언어를 논리적 기호를 통해 분석하여 명료하게 만들면 많은 철학적 문제를 해결할 수 있겠다는 생각이 들더군요.

프레게

사회자

그래서 『산수의 근본법칙』이란 책을 쓴 거군요.

그 책 덕분에 교수가 될 수 있었죠. 그런데 책을 1쇄만 찍고 2쇄는 인쇄하다가 중단시켰어요.

프레게

사회자

왜죠?

여기 옆에 있는 러셀 때문입니다. 당시 젊은 수학자였던 러셀이 내 이론의 모순을 지적했어요. 러셀이 제기한 모순이 타당하다고 생각했고, 내 이론을 포기하게 됐어요.

프레게

사회자

정말로 놀랍습니다. 젊은 학자의 지적을 그대로 수용하고 출판을 포기했군요.

할 수 없죠. 틀린 건 틀린 거니까요.

프레게

아니, 프레게 님~

러셀

프레게 님의 작업은 의미가 있다고 생각했습니다. 그래서 나는 프레게 님의 뜻을 이어 수학을 논리학 위에 올려놓는 작업을 했죠. 그렇게 해서 화이트헤드 님과 함께 쓴 책이 바로 『수학원리』입니다.

사회자

러셀 님이 프레게 님의 뒤를 이었다고 볼 수 있군요.

프레게

사실 내가 분석철학의 창시자가 된 것도 러셀 덕분입니다. 내가 쓴 『산수의 근본법칙』의 가치를 알아본 사람이 거의 없었어요. 나중에 러셀이 이 책에 주목하고 그 연구를 이어서 했기 때문에 분석철학이 꽃피울 수 있었습니다.

러셀

프레게 님이 기반을 깔아놓았기 때문에 내가 분석철학을 할 수 있었던 거죠.

사회자

러셀 님은 말년에는 철학보다는 반핵, 반전 같은 사회운동에 전념한 것으로 알고 있습니다.

러셀

솔직히 고백하자면, 그럴 수밖에 없었어요. 젊은 천재가 나타나서 분석철학을 이어받았는데, 나보다 훨씬 뛰어나더군요. 그러니 내가 철학을 계속할 이유가 없었던 거죠. 하하하.

사회자

그 천재가 누구죠?

러셀

바로 옆에 앉아 있는 비트겐슈타인입니다.

비트겐
슈타인

네, 저 천재 맞습니다.

사회자

보통 "너 천재다" 하면 아니라고 겸손해 하는데, 비트겐슈타인 님은 안 그러시네요. 하하하.

내가 천재인 걸 왜 부정합니까?

비트겐슈타인

(사회자를 보며) 어떤 캐릭터인지 알겠죠?

러셀

사회자

네, 하하하.

어느 날 비트겐슈타인이 철학을 공부하겠다며 찾아왔더군요. 가만히 보니 약간 또라이 기질이 있는 것 같고 감당하기 어렵겠더라고요. 그래 러셀을 찾아가라고 했죠.

프레게

날 찾아왔는데, 처음엔 천재인지 그냥 또라이인지 모르겠더라고요. 방학 때 글을 하나 써오라고 했죠. 그런데 써 온 글을 한 줄 읽고 나니, 바로 천재라는 걸 알겠더라고요. 그때부터 제자로 받아들였습니다.

러셀

그때 러셀 님이 받아주지 않았으면 아마 자살했을지도 모르겠어요. 당시 나한텐 아무것도 필요없었거든요. 돈도 명예도 사랑도 말입니다. 단지 철학만이 유일한 나의 희망이었습니다.

비트겐슈타인

유행가 가사처럼 말씀하시는군요. 아무튼 비트겐슈타인 님이 말하는 철학은 뭡니까?

그것은 프레게 님으로부터 시작된 건데요. 언어를 명료하게 만들어야 한다는 것입니다. 그렇게 하면 많은 철학적 문제를 해결할 수 있어요. 물론 후기에 생각이 조금 달라졌지만, 여전히 언어가 철학적 문제의 본질이라고 봤다는 점은 달라지지 않았습니다.

비트겐슈타인

사회자

그러고 보면 세 분 모두 언어분석을 통해 언어를 명료하게 만들면 철학적 문제가 해결될 수 있다고 본 거군요. 왜 세 분을 분석철학자라고 하는지 이제야 알 것 같네요.

Part

13

차이의 철학

반복하면 차이가 생긴다

1980년대를 마르크스의 시대라고 한다면, 1990년대는 푸코의 시대이고, 2000년대는 가히 들뢰즈의 시대라고 할 수 있다.

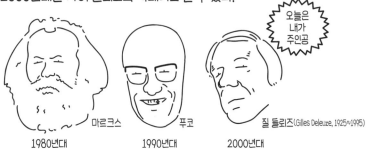

오늘은
내가
주인공

마르크스   푸코   질 들뢰즈(Gilles Deleuze, 1925~1995)

1980년대   1990년대   2000년대

서양철학을 관통하는 핵심 아이디어는 본질주의, 즉 변하지 않는 진짜가 있다는 것이다. 플라톤에겐 그것이 이데아의 세계이고, 중세 기독교엔 신의 세계이고, 칸트에겐 물자체인데, 이러한 철학을 '동일성의 철학'이라고 한다.

변하지 않는
진짜가 있다.
본질주의

동일성의 철학

플라톤

들뢰즈는 그런 본질은 없다고 한다. 그는 세계의 존재를 동일성이 아니라 차이로 설명한다. 들뢰즈는 어릴 때 나치의 지배를 겪었다. 그래서인지 파시즘 같은 전체주의, 닫힌 철학에 반대하고 차이와 자유를 중시했다.

본질은 없어요.
차이가 있을 뿐

인상파 화가 모네는 1892~1894년 루앙 대성당 앞 카페에서 똑같은 장면
을 반복해서 그렸다. 루앙 대성당의 이데아는 무엇일까? 그런 것은 없다.

모네의 「루앙 대성당 연작」

차이를 버리지 않고 긍정하면 반복을 통해서 차이가 만들어진다. 모네의 「루
앙 대성당 연작」이 그러하듯이.

원본이 없으니 각각 틀린 것이 아니라 다른 것이다. 들뢰즈에게 차이는 만들
어내야 할 미래의 차이다. 지금의 나와 차이나는 나로 변화해 보자.

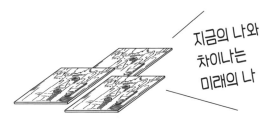

지금의 나와
차이나는
미래의 나

원본이 없으니 틀린 것이 아니라 다른 것

들뢰즈와 가타리는 플라톤의 이데아론이나 플로티노스의 일자사상처럼 '세계는 중심이 있고 위계질서가 있다'는 식의 생각을 '나무형 사유방식'이라고 한다.

세계를 리좀형 사유방식으로 보자. 리좀(땅속줄기)은 닥치는 대로 갈라지고 접속하며 뒤엉킨다. 위계질서가 없고, 질서도 패턴도 없고, 평등한 관계를 맺는다.

플라톤, 플로티노스, 칸트 철학 등 나무형 사유방식은 '존재하는 사물, 실체가 무엇이냐'를 묻는다.

반면 리좀형 사유방식은 '사물들이 서로 어떤 관계를 맺느냐'를 묻는다. 입이 무엇인지가 아니라, 입이 '무엇과 접속하느냐'가 중요하다. 입이 음식과 접속하면 음식을 먹는 기관이 되고, 애인과 접속하면 키스하는 기관이 된다.

리좀형 사유방식 사물들이 서로 어떤 관계를 맺느냐?

들뢰즈와 가타리는 "철학은 새로운 개념을 창조하는 작업"이라며, 철학적 개념들이 서로 접속하면서 새로운 철학적 개념이 생겨난다고 한다.

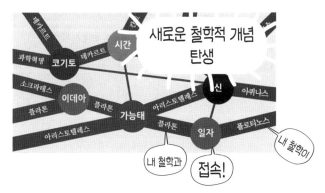

들뢰즈는 인간 등 생명체를 포함한 모든 개체들을 '기계'라고 한다. 모터에 날개를 달면 선풍기가 되고, 바퀴를 달면 자동차가 되는 것처럼, 모든 개체는 다른 개체와의 접속을 통해 성격이 달라진다.

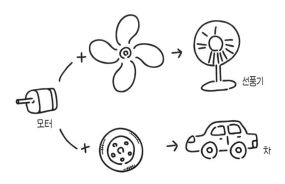

기계들이 접속하는 곳을 영토화라고 한다. 그곳의 규칙들은 코드화라고 하고, 영토화와 코드화가 관계를 맺는 장을 배치라고 한다.

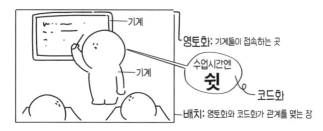

이 교실에 방송국 예능 카메라를 설치했다고 하자. 그러면 이제 교실이라는 영토화가 카메라와 접속함으로써 촬영장이 되어버린다. 이곳의 규칙도 바뀐다.

배치는 하나의 사건이라고 할 수 있다. '무엇에 접속하느냐'에 따라서 사건은 끊임없이 벌어지며, 기계들은 욕망을 가지고 있기에 그들의 접속으로 만들어진 배치도 끊임없이 변한다.

배치는 끊임없이 변한다.

전통적인 존재론에서 중요한 것은 학생, 교사, 책상 같은 대상이었고, 대상들 사이에 벌어지는 사건은 우연적이고 일시적이라고 보고, 철학에서는 사건을 다루지 않았다.

전통적 존재론

그런데 들뢰즈와 가타리는 기계들의 배치를 통해서 벌어지는 사건을 중시했고, 이러한 사건 속에 의미가 있다고 보았다. 이를 '사건의 존재론'이라고 한다.

1995년 '70대의 들뢰즈는 병으로 오랜 세월 운신을 못하게 되자 스스로 목숨을 끊었다. 차이와 삶을 긍정했던 철학자의 마지막 선택에 대해선 지금도 논란이 많다.

한마디 :
철학에는 시대와 역사가 담겨 있다.

어린 시절 나치의 악몽을 겪었던 들뢰즈, 그래서 동일성 철학을 거부하고 차이를 강조한 것 아닐까? 어떤 사람의 철학은 그의 성격이나 기질이 결정한다고 하지만, 철학에는 시대와 역사 또한 담겨 있는 것 같다.

철학, 부수지 말고 해체해서 재활용하자

데리다는 알제리 출신의 프랑스 철학자로, 미국에서는 엄청난 인기를 끌었지만 정작 프랑스에서는 인정을 못 받았다. 이론에 알맹이가 별로 없다며 철학자로 취급하지 않는 사람도 있었다.

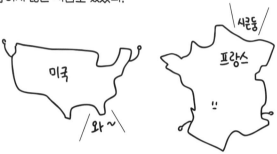

이러한 논란에도 불구하고, 데리다는 해체주의의 선구자로 평가받는다. 그가 제시한 철학적 개념들은 현대철학에 많은 영향을 미쳤다.

자크 데리다(Jacques Derrida, 1930~2004)

서양철학에서는 본질과 현상, 관념론과 유물론, 세상은 변하느냐, 변하지 않느냐 등의 문제들이 반복적으로 등장한다. 가운데 경계선을 그어놓고, 이데아의 세계, 이성 등을 중심부, 현실세계, 감각 등을 주변부로 규정한다.

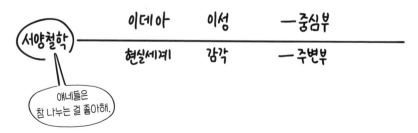

292

니체는 서양의 전통적인 형이상학을 파괴하려고 했기에 '망치를 든 철학자', '전복의 철학자'로 불렸다.

하지만 데리다는 더 영리했다. 다 때려 부수면 남는 것을 쓸 수 없으니, 그냥 해체했다가 다시 조립하자고 한다. 데리다의 입장을 '해체주의'라고 한다.

서양철학에는 뿌리 깊은 말 중심주의가 있다. 말은 그리스어로 로고스. 요한복음의 "태초에 로고스가 있었다"를 "태초에 말씀이 있었다"로 번역한다. 로고스는 '이성'이란 뜻도 있어 말(로고스) 중심주의는 이성 중심주의로 이어진다.

데리다는 말이 사유(생각)라면 문자는 그러한 사유를 가능하게 하는 몸이고, 문자가 없으면 말을 할 수 없다고 한다. 그는 문자(Text)의 힘을 강조하면서 말 중심주의, 이성 중심주의를 해체하고자 했다.

이때 텍스트는 문자뿐만 아니라 우리 몸과 정신에 남겨진 기억과 상처를 포함하는 개념이다. 커피를 마시면서 "이 커피는 왜 이렇게 맛이 없냐?"고 할 때, 우리 마음속엔 과거에 마셨던 커피에 대한 경험들(기록)이 있다.

기호는 다른 기호와의 차이(예: 사과/사기)에 의해서만 의미가 구별된다. 그런데 의미의 구조는 불안정하고 변덕스럽다. 따라서 의미의 결정은 계속 미뤄지고(지연), 결국 의미가 결정되지 않는다. 데리다는 이를 '차연(차이+지연)'이라고 한다.

플라톤은 현실세계는 가짜지만, 이데아 성분의 함량에 따라 좋고 나쁨이 결정된다고 봤다. 하지만 데리다는 진짜는 없다고 본다. 있는 것은 모조리 가짜이고, 그냥 차이만 있을 뿐이다. 그러니 진짜와 가짜의 구별을 해체하자.

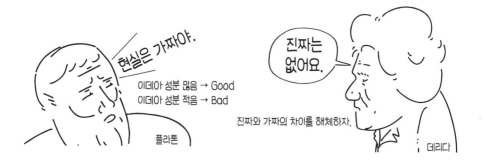

그런데 데리다는 차연이라는 말을 고정해서 쓰면 의미가 고정된 것처럼 보인다면서, 유보니 공간화니 대치니 하는 말로 막 바꾸어 불렀다. 그래서 사기꾼이 아닌가 의심의 눈초리로 보는 사람들도 있었다.

한마디 :

당신이 허락해주지 않으면,
아무도 당신이 열등감을 느끼게 만들 수 없다. (엘리너 루즈벨트)

프랑스령 알제리 태생의 유대인 철학자로 차별을 경험했던 데리다.

∼ 차이의 철학자들 ∼

사회자

요즘은 가히 '들뢰즈의 시대'라고 할 만큼, 많은 사람들이 들뢰즈 님의 철학에 열광하고 있는데요. 혹시 그 이유가 뭐라고 생각하세요?

글쎄요. 사람들이 서양철학의 전통적인 본질주의에 지친 것 아닐까요? 본질주의를 버리면 차이가 보이기 때문이죠.

들뢰즈

사회자

그래서 들뢰즈 님의 철학을 '차이의 철학'이라고 합니다.

차이에 주목해야죠.

서양의 주류 철학자들은 동일성에 주목하면서 차이를 무시하고 없애 버렸어요. 하지만 동일성보다는 차이에 주목해야 해요. 그러면 중심이 없다는 것을 알게 되고, 위계질서도 허상이라는 것을 알게 됩니다.

들뢰즈

사회자

들뢰즈 님의 노마디즘(Nomadism)도 현대인들이 매우 좋아하는 개념입니다. 특정한 가치관에 얽매이지 않고, 끊임없이 새로운 삶을 찾아가는 것을 말하죠.
또 디지털기기를 들고 다니면서 시공간의 제약 없이 자유롭게 일하는 사람들을 디지털 노마드(유목민)라고 합니다.

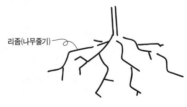

리좀(나무줄기)

사실 내가 노마디즘 개념을 구체적으로 말한 적은 없는데… 하지만 상관없습니다. 철학이란 원래 새로운 것과 접속하면서 새로운 개념들을 창조하는 것이니까요.

들뢰즈

사회자

데리다 님께서도 차이의 철학에 대해 말씀하셨죠?

그렇습니다. 하지만 정확하게 말하면 들뢰즈 님은 차이 자체를 말했지만, 나는 차연을 말했습니다.

데리다

사회자

차연이 뭐예요?

차연이라 함은…

차연은 차이와 지연의 합성어예요. 의미는 차이에 의해서 나타나지만, 그 차이는 계속돼요. 따라서 의미의 결정이 끊임없이 지연된다는 말입니다.

데리다

사회자

무슨 말인지 잘 모르겠네요.

무슨 말인지 몰라야 해요.
그게 내 철학의 본질입니다.

사회자

아… 흠…, 데리다 님은 해체주의로 알려져 있는데요.

플라톤의 이데아 사상은 이성의 세계가 진짜이고, 감각의 세계는 가짜라고 하죠. 그런데 차이에 주목하면, 진짜와 가짜의 구분은 없어지고 차이만 있습니다.
차이의 철학에 주목하면 전통적인 서양철학을 해체할 수 있어요. 그래서 나의 철학을 '해체주의'라고 합니다.

데리다

그런데 어떤 사람들은 데리다 님을 지적 사기꾼이라고 합니다. 말만 어렵지, 내용은 별로 없다고요….

사회자

미국에선 인기 있었는데…

미국

와~

프랑스

새로운

그런 비판이 있는 것을 잘 알고 있어요. 하지만 지금까지도 해체주의에 대한 논의가 계속되고 있죠. 나의 철학에 대한 평가도 계속해서 차연되고 있다고 봐야겠지요.

데리다

아주 너그럽게 마무리해 주신 것 같습니다. 열린 자세 멋집니다! 감사합니다.

사회자

Part

14

돋보기로 본
구조주의

언어를 꼼꼼히 본 철학자

소쉬르는 스위스에서 유명한 명문가 출신으로 그의 집안에선 자연과학자들이 많이 나왔다. 14세에 인도유럽어를 비교한 논문을 쓸 정도로 언어 분야에 천재성을 보였다.

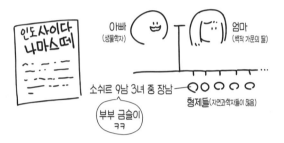

글을 남기는 것을 싫어해서 학위논문 빼고는 책을 쓰지 않았고, 강의가 끝나면 자신의 강의록을 불태웠다고 한다. 유명한 『일반 언어학 강의』는 사후에 제자들이 강의록을 모아 출판한 것이다.

이전의 언어학은 주로 언어의 계통, 변천사, 어원을 추적했다. 반면 소쉬르는 언어의 체계와 구조에 관심을 가졌다. 그런 의미에서 구조주의 철학의 출발점으로 볼 수도 있다.

구조주의는 우리를 둘러싼 다양한 구조를 이해하면 인간의 마음과 정신구조, 그리고 세계를 더 잘 이해할 수 있다고 본다.

소쉬르는 언어를 랑그와 파롤로 나눴다. 랑그는 우리가 사회 속에서 배우는 언어규칙·체계·규범이고, 파롤은 어떤 사람이 말을 하는 행위를 말한다.

기표는 소리이고, 기의는 이 소리를 듣고 떠오르는 개념이다. '사과'라는 소리가 기표이고, 사과라는 소리를 듣고 떠오르는 개념이 기의다.

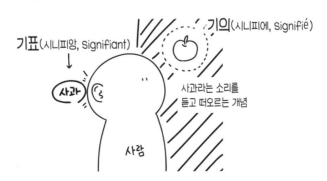

기표와 기의는 우연히 결합된 것이다. '사과'라는 기표가 반드시 사과를 가리킬 필요는 없었고, 바나나를 가리킬 수도 있었다. 이를 '기호의 자의성'이라 한다.

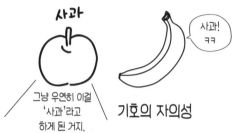

또한 기호의 의미는 다른 기호들과의 차이라는 관계에 의해 만들어진다. 이를테면 아주르블루라는 색깔은 다른 색깔과의 차이를 통해서 결정된다.

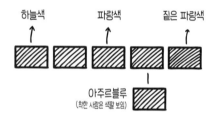

아주르블루는 파랑색과 짙은 파랑색 사이의 어떤 색이다. '아주르블루'라는 색 이름이 아예 없다면, "무슨 색이냐"라는 질문에 우리는 그냥 "파랑색"이라고 답할지도 모른다.

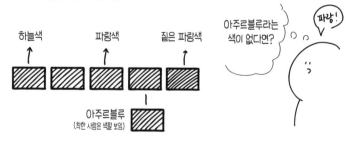

조금 더 거칠게 말하자면, '아주르블루'라는 색 이름이 있기 때문에 아주르블루라는 색깔이 있다는 것이다.

'아주르블루'란 말이 없으면 아주르블루란 색도 없는 거지.

언어가 이처럼 단순히 현실에 있는 대상을 지시하는 것이 아니라, 언어가 현실을 적극적으로 구성한다. 그것도 현실과 상관없는 언어기호 사이의 체계에 의해서 자의적으로 말이다. 인간은 언어에 갇힌 존재라고 할 수 있다.

과거

좀 어수선한 아이일 뿐 크면 괜찮아져.

현재

ADHD

ADHD 질환이라는 병명이 있기에 ADHD 증상이 있는 건가, 아니면 ADHD 증상이 있기에 이 병명이 생긴 것일까? 나는 전자의 측면이 크다고 생각한다.

언어로 말할 수 없는 것은 생각할 수 없다. 이것이 바로 소쉬르의 구조주의 언어이론이다. 이러한 이론으로부터 유럽의 구조주의가 시작됐다고 볼 수 있다.

언어

←인간

언어로 말할 수 없는 건 생각할 수 없다.

철학자가 남미로 간 까닭은?

레비-스트로스는 대학에서 법학과 철학을 전공했는데 방구석 철학자가 체질에 맞지 않았나 보다. 인류학에 관심을 갖게 되어 1935년부터 1938년까지 브라질에서 원주민들과 생활하며 연구하여 쓴 유명한 책이 『슬픈 열대』다.

클로드 레비-스트로스
(Claude Lévi-Strauss, 1908~2009)

『슬픈 열대』는 원주민 사회를 파괴하는 서구 문명을 고발한 책. 문화의 다양성을 인정하지 않는 편협성이 오히려 진짜 야만이라고 주장한다.

레비-스트로스는 언어와 문화 속에 담긴, 사회를 재생산하는 구조를 밝히고자 했다. 원주민들의 문화를 탐구한 것도 이런 연구 중 하나였다.

레비-스트로스는 인간 사회는 서로 대립하는 두 개의 개념적 대립쌍에 의해 이항대립적으로 구조화되어 있다고 보았다.

이항대립적 요소는 우리의 언어와 문화에 담겨 있다. 남자와 여자, 어른과 아이, 인간과 동물, 선과 악, 동쪽과 서쪽, 실재와 가상, 이데아와 현실, 배트맨과 조커처럼 말이다.

남자 / 여자   선 / 악   이데아 / 현실   배트맨 / 조커

부족마다 각기 다른 특징적 친족관계 유형이 있다. 이를 '친족의 기본구조'라고 한다. 모든 친족관계는 친밀과 소원이라는 이항관계로 설명할 수 있다. 가족들이 서로 느끼는 감정조차도 사회구조가 만들어낸 것이다.

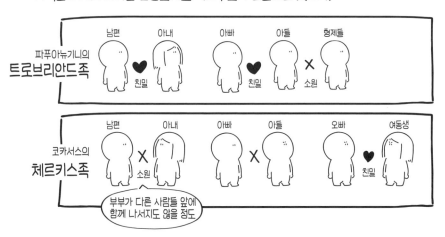

파푸아뉴기니의 **트로브리안드족**

남편 — 아내 (친밀)   아빠 — 아들 (친밀)   형제들 (소원)

코카서스의 **체르키스족**

남편 X 아내 (소원)   아빠 X 아들   오빠 ♥ 여동생 (친밀)

부부가 다른 사람들 앞에 함께 나서지도 않을 정도

어떤 원주민 부족은 죽은 친족이나 포로의 사체를 먹었다. 친족의 사체를 먹음으로써 그의 지혜를 흡수하고, 적의 사체를 먹음으로써 위협에서 벗어날 수 있다고 생각했다.

냠냠

죽은 사체

야만적 행위처럼 보여도 그 사회 속에 들어가서 보면 나름의 합리적인 이유가 있다. 문명과 야만으로 가를 수 없다. 레비-스트로스는 서구의 오만과 편견을 질타하는 문화 상대주의를 주장했다.

문화의 심층에는 일반적이고 공통적인 질서가 있다. 그러한 질서는 인간이 갖고 있는 무의식적 구조다. 개인의 감정이나 행동은 주체적으로 만들어지는 것이 아니라 이러한 구조 속에서 형성된다.

그런 점에서 레비-스트로스는 구조주의자라고 할 수 있다. 대부분의 구조주의 철학자들은 자신이 구조주의자라는 점을 인정하지 않았지만, 레비-스트로스는 구조주의자임을 자처했다.

지식의 역사를 건진 철학자

프랑스 철학자 푸코는 철학·의학·범죄학 등 다양한 분야를 넘나들며, 우리가 가진 지식과 관념의 뿌리를 파고들었다.

미셸 푸코(Michel Foucault, 1926~1984)

또한 광기·감옥·성 등 그동안 무시되던 것에 돋보기를 들이대고 추적하여, 서양 철학의 이성 중심, 합리성에 반기를 들었다.

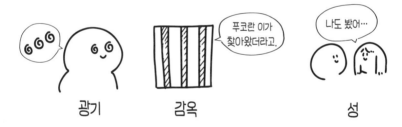

푸코는 사르트르 이후 프랑스 최고의 지성으로 불렸다. AIDS 합병증으로 사망했는데, 사망 당시 1980년대 초라 프랑스에 논란이 일어나기도 했다. 푸코의 철학은 초기엔 지식, 중기엔 권력, 후기엔 윤리의 문제를 주로 다뤘다.

푸코는 우리가 당연하게 받아들이는 지식이나 관념 들의 역사를 추적한다. 이성, 합리성 등 우리가 당연한 줄 아는 것들이 사실은 역사적으로 구성된 결과물일 뿐이라는 것이다.

서구 근대의 주체는 어떻게 만들어졌을까? 특정 시대와 지역의 지식은 그것을 구성하는 무의식적 인식체계의 구조가 있다. 푸코는 이것을 '에피스테메(참된 인식)'라고 한다.

16세기 르네상스 시대에 지식을 구성한 키워드는 '유사성'이었다. 호두와 뇌의 모양이 유사하므로 '호두를 먹으면 머리가 좋아진다'고 생각했다.

17세기 고전주의 시대의 지식을 구성한 키워드는 '표상'이었다. 표상이란 두 사물의 동일성과 차이를 명료하게 드러내는 것을 말한다.

19세기 근대가 되자, 사람들은 '역사적 주체로서의 인간'이라는 키워드로 지식을 구성했다. 지배층은 이러한 에피스테메를 통해 그 시대, 그 지역의 담론을 형성한다.

또한 푸코는 광기의 개념이 어떻게 형성되고 펴졌는지를 추적하여 서구적 이성의 억압적 성격을 폭로했다. 아울러 서구 근대의 주체가 어떻게 만들어졌는지도 추적한다.

중세와 16세기까지만 해도 광인들은 일상에서 분리되지 않았다. 평범한 사람들 속에서 함께 생활했다.

17세기 근대의 문이 본격적으로 열리자, 이성이 역사의 중심이 되며 대감금의 시대가 열렸다. 광인들은 범죄자·거지·부랑자·게으름뱅이·무신론자·이교도들과 함께 감금됐다. 정상과 비정상으로 구분되기 시작한 것이다.

18세기 후반 산업이 발달하고 노동력이 부족해지자, 거지·부랑아·범죄자·게으름뱅이들은 노동력으로 써먹기 위해 교화를 시켜 풀어줬다. 하지만 교화가 안 되는 광인들은 병원에 격리됐다. 광기도 시대에 따라 개념이 달라진 것이다.

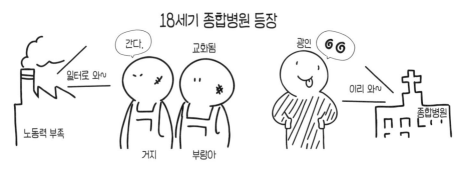

근대를 거치며 이성, 합리성이라는 이름으로 지식의 도움을 받아 정상과 일탈을 구분한 것이다. 주체, 이성, 합리성의 개념 등도 사회적 구조의 산물로 어느 시대나 통용된 개념은 아니다.

과거
크면 괜찮아져.

오늘날
ADHD네요.
교실에선 조용히
40분 앉아 있어.

과거
좀 게으른
한량이죠.

오늘날
너 벌점!
시간 지키고 일해.

우리가 당연하다고 생각하는 것들이 사실은 보편적인 것도, 자연스러운 것도, 당연한 것도 아니다.

100년 뒤, 200년 뒤
우리는 뭐를 정상과 비정상의
구분 기준으로 삼게 될까?

한편, 18세기 중반까지 형벌은 공개처벌과 가혹한 신체형이었고, 권력은 힘을 과시하고 공포를 주입하며 사람들을 지배했다.

처형장
아, 너무 끔찍해.
모자이크 처리

1757년 루이 15세를 죽이려다 체포된 왕의
몸종 다미앵의 처벌
광장에 군중을 모아놓고 불에 달군 집게로 살
점을 떼어내고 팔다리를 말에 묶어 찢고ㅠㅠ.

18세기 후반이 되면, 권력이 신체적 폭력에서 벗어나 감금형과 강제노동 등이 도입된다.

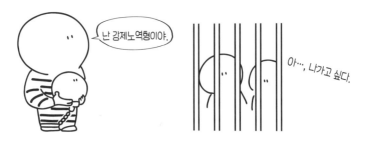

벤담이 고안한 원형감옥(파놉티콘)은 근현대 권력의 감시와 처벌을 잘 보여준다. 중앙에 간수가 있는 감시탑이 있고, 죄수들은 원형감옥 속에 있다.

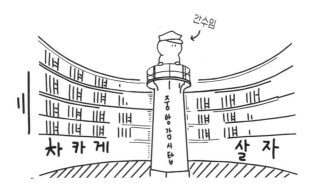

중앙의 간수들은 죄수들의 일거수일투족을 언제든 볼 수 있다. 하지만 죄수들은 감시탑의 불빛으로 인해 간수들을 볼 수가 없다.

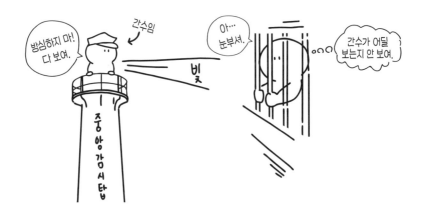

죄수들은 불안과 공포를 느끼며 권력의 시선을 내면화하고 스스로 자기검열을 하게 된다. 조지 오웰의 소설 『1984』에서 전체주의 국가에 사는 주인공 원스턴 스미스는 빅브라더가 감청을 할까 두려워 말 한마디도 스스로 검열한다.

규율사회는 끊임없이 정상과 비정상을 구분하며 우리를 억압하고 있다.

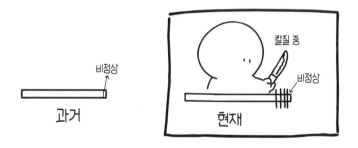

권력은 공개처형, 가혹한 신체형 시대보다 효율성을 위해 더 부드러워졌다. 하지만 더 교묘하게 우리를 지배하고 있다. 권력의 시선은 원형감옥을 넘어 우리 일상생활 곳곳에 파고들고 있다.

"감옥이 학교나 공장, 병원과 비슷하고, 이들이 감옥과 닮았다고 해서 놀랄 일인가?"

∽ 구조주의 철학자들 모여라 ∽

사회자

> 먼저 구조주의의 창시자 소쉬르 님과 얘기를 나눠볼게요.

소쉬르

나는 그저 언어학자일 뿐이에요. 책을 쓴 적이 없고, 강의가 끝나면 자료도 없애버렸는데, 내가 어떻게 구조주의의 창시자가 됐죠?

사회자

> 소쉬르 님이 돌아가신 후, 제자들이 강의 내용을 모아서 『일반 언어학 강의』라는 책을 냈습니다. 그 책이 대박이 나면서 구조주의가 탄생하는 계기가 되었어요.

하하, 세상 참 모를 일이네요.

사회자

> 레비-스트로스 님은 브라질에서 원주민들과 생활을 하셨죠?

레비-스트로스

젊은 시절 브라질 내륙지방의 원주민들과 몇 년 동안 함께 생활하며, 그들의 사회와 문화를 관찰했죠. 서구 문명이 더 야만적이라는 것을 깨닫게 되었습니다.

사회자

> 레비-스트로스 님은 한국에도 온 적이 있죠?

1981년에 한국에 와서 3주 정도 머물렀어요. 안동에서 굿판도 보고, 양산 통도사에서 새벽 예불도 했습니다. 특히 기억나는 것은 노량진 수산시장이었습니다. 하하하.

레비스 트로스

사회자
그렇군요. 이제 마지막 구조주의자로 푸코 님과 이야기를 나눠 보겠습니다.

잠깐, 내가 구조주의 철학자라고요?
아니에요!

푸코

사회자
푸코 님이 구조주의자로 불리는 걸 좋아하지 않는 건 알지만, 많은 사람들이 에피스테메 개념을 구조주의적이라고 생각합니다.

그렇군요. 어쨌든 나는 구조주의자는 아니지만, 에피스테메를 구조주의적이라고 할 수 있다는 점에는 동의합니다.

푸코

사회자
에피스테메 개념을 잠깐 설명해 주시죠.

에피스테메란 각각의 시대에 작동하는 인식의 틀을 말합니다. 예컨대 유럽에서 16세기 르네상스 시기에는 유사성이라는 인식의 틀이 있었습니다. 각각의 시대에 사람들은 그 인식의 틀에 맞추어 지식을 내놓죠.

푸코

사회자
결론적으로 지식은 객관적인 것이 아니고, 시대의 산물로서 주관적이라는 말인가요?

대체로 맞는 말입니다.

푸코

사회자

그렇다면 에피스테메 개념은 토머스 쿤의 패러다임 개념과 비슷해 보이는데요. 패러다임은 과학자들이 이론을 구성하는 인식의 틀을 말하잖아요.

네, 비슷한 개념입니다. 그런데 결정적 차이가 있어요.
쿤의 패러다임은 과학적 지식에 적용되지만, 에피스테메는 과학은 물론 모든 분야의 지식에 적용됩니다. 또한 패러다임은 의식적으로 동작을 하지만, 에피스테메는 무의식적으로 동작을 합니다. 각 시대마다 사람들은 무의식적으로 자기도 모르는 사이에 똑같은 방식으로 세상을 본다는 말입니다. 에피스테메가 훨씬 강한 개념이죠.

푸코

사회자

그런 의미에서 보면, 현재 우리가 당연하다고 생각하는 것이 당연한 게 아닐 수도 있겠네요. 모든 지식이 다 시대의 산물이라면 말이죠.

당연합니다.

푸코

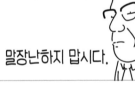

당연한 게 당연한 게 아니라면, "당연하다"라는 말씀은 당연하다는 겁니까, 당연하지 않다는 겁니까?

말장난하지 맙시다.

사회자

죄송합니다.

그래서 광기라는 개념도, 성의 개념도 시대에 따라 달라져 왔다고 볼 수 있죠. 나는 동성애자인데 커밍아웃을 하지 않았어요. 우리가 이성애자라고 커밍아웃을 하지는 않잖아요. 그런데 왜 동성애자라고 커밍아웃을 해야 하죠?

푸코

사회자

그건 그렇네요. 아무튼 오늘 세 분의 구조주의자를 모시고 인터뷰를 했습니다. 감사합니다.

15
Part

다시 지식 배틀이
시작됐다

2500년 지식의 정의를 뒤집은 철학자 ———

미국의 분석철학자 게티어는 1963년 3쪽짜리 짧은 논문 「정당화된 참인 믿음은 지식인가」로 전 세계 철학계에 엄청난 파장을 일으켰다.

에드먼드 게티어
(Edmund Gettier, 1927~2021)

이후 게티어는 평생 논문 한 편 안 쓰고 교수로 살았다. 혹자는 농으로 "20세기 철학계 최고의 먹튀"라고도 했다.

플라톤은 지식이란 정당화된 참인 믿음(Justified True Belief)이라고 정의했다.

지식이란 정당화된 참인 믿음
JTB 조건
Justified ─┬┬─ Belief
True

플라톤

플라톤의 『대화편』 중 「테아이테토스」
지식의 본질에 대한 글에서

플라톤에 따르면 지식은 '참, 믿음, 정당화' 등 3가지 조건을 만족해야 하는데, 이를 'JTB 조건'이라고 한다.

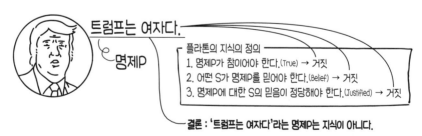

트럼프는 여자다.

명제P

┌─ 플라톤의 지식의 정의 ─
1. 명제P가 참이어야 한다.(True) → 거짓
2. 어떤 S가 명제P를 믿어야 한다.(Belief) → 거짓
3. 명제P에 대한 S의 믿음이 정당해야 한다.(Justified) → 거짓

└─ **결론**: '트럼프는 여자다'라는 명제P는 지식이 아니다.

그런데 게티어는 1963년 "JTB 조건을 만족해도 지식이라고 할 수 없는 사례가 있다"고 주장했다. 플라톤 이후 2500여 년 동안 이어져온 지식에 대한 정의에 반기를 든 것이다.

친구가 "지금 몇 시냐?"라고 묻기에 손목시계를 보고 "지금 3시야"라고 대답했다. 그런데 나중에 알고 보니 시계가 고장난 상태였다고 하자.

이 경우 "지금 3시야"라는 명제는 참(True)이고, 내가 그것을 믿고 있고 (Belief), 시계를 보고 말한 것이니 정당화된 믿음(Justified)이지만, 지식이라고 할 수 없다. 고장난 시계를 보고 대답한 거니까 말이다.

지식은 모두 JTB 조건을 만족해야 하지만, JTB 조건을 만족한다고 해서 모두 지식인 것은 아닌 것이다.

319

게티어 문제는 철학계에 큰 파장을 일으켰다. 수많은 철학자들이 JTB 조건을 바꾸거나, 또는 조건을 덧붙여 플라톤의 지식에 대한 정의를 지키려 했지만 이러한 시도는 번번이 실패했다. 게티어 문제는 아직까지 해결되지 않았다.

어쨌든 모든 철학적 난제가 그렇듯, 게티어 문제는 현대 인식론에서 풍부한 논의를 이끌어냈다는 점에서 의의가 있다.

한마디 :

꺼진 불도 다시 보자.
2500년 진리로 믿어온 것도 틀릴 수 있다.

통속의 뇌

영화 「매트릭스」의 세계는 인공지능이 만든 가상세계이고, 영화 「토탈 리콜」의 모든 사건은 가상여행사에서 조작한 꿈이었다는 게 밝혀진다.

내가 살던 세계가 가상세계였다니.

「매트릭스 4」는 망작이야.

영화 「매트릭스」 주인공 네오

이처럼 우리가 알고 있는 모든 것이 잘못된 것일 수도 있다는 식의 회의주의를 '총체적 회의주의'라고 한다.

우리가 알고 있는 세계가 진짜 세계가 아닐 수 있어.

총체적 회의주의

철학에서도 총체적 회의주의에 대한 얘기는 자주 등장해 왔다.

나는 얄미운 나빈가 봐~

악마야, 물렀거라.

지금이 3시라고?

장자
사람인 내가 나비의 꿈을 꾸는 것인가, 나비인 내가 사람의 꿈을 꾸고 있는 것인가?

데카르트
사악한 악마가 나를 속이고 있나?

러셀
세계는 5분 전에 창조된 것이고, 나의 기억도 모두 창조자에 의해 5분 전에 주입된 것 아닐까?

그런데 미국 철학자 힐러리 퍼트넘은 우리가 사실은 '통속의 뇌'일 뿐이고,

힐러리 퍼트넘(Hilary Whitehall Putnam, 1926~2016)

이 세계는 통속의 뇌에 연결된 컴퓨터가 주는 신호로 생긴 가상세계일 수 있다는 사고실험을 내놓았다.

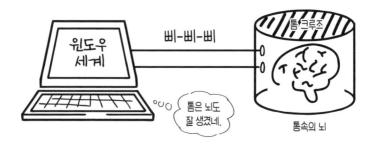

이미 철학자들은 이 세계가 가상세계가 아니라는 철학적 근거들을 많이 내놓은 바 있다.

데카르트는 신은 전지전능하며 완전히 선한 존재인데, 인간이 가상의 세계에 살도록 내버려두겠냐며, 우리가 사는 세계는 가상세계가 아니라는 결론을 내렸다.

러셀은 최선의 설명으로서의 추론을 통해 우리가 사는 현실세계가 가상세계가 아니라는 결론을 내렸다.

무어는 우리가 사는 세계가 가상세계라는 주장보다 진짜 세계라는 주장이 더 좋은 논증이라며, 이 세계는 가상세계가 아니라는 결론을 내렸다.

퍼트넘은 총체적 회의주의를 받아들이면 언어 자체가 의미를 잃어버리므로 총체적 회의주의는 논증할 수 없다며, 따라서 이 세계는 가상세계가 아니라는 결론을 내렸다.

통속의 뇌

호주의 철학자이자 인지과학자 차머스는 설혹 우리가 사는 이 세계가 가상세계라 하더라도 달라지는 것은 없다며, 총체적 회의주의는 무의미한 논쟁이라고 했다.

데이비드 존 차머스(David John Chalmers, 1966~)

영국의 철학자 티모시 윌리엄슨은 '이 세계가 가상세계인가'라는 식의 총체적 회의주의는 우리의 면역 시스템이 민감하게 오작동을 한 것이며, 쓸데없는 의심이라고 봤다.

티모시 윌리엄슨(Timothy Williams, 1955~)

어떤 설명이 적절하다고 생각하는가? 이 세계는 가상세계일 수 있을까?

자기 편을 한 쾌에 날려버린 철학자

미국의 철학자이자 수학자 콰인은 원래는 논리실증주의자였다. 2차 세계대전 전에 오스트리아 빈에 가서 논리실증주의자들과 교류하기도 했다.

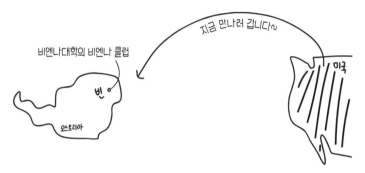

그런데 콰인은 의도치 않게 「경험론의 두 도그마」라는 한 편의 논문으로 논리실증주의를 박살내 버렸다.

윌러드 밴 오먼 콰인
(Willard Van Orman Quine, 1908~2000)

1920년대부터 1950년대까지 유럽과 미국에서는 논리실증주의가 휩쓸고 있었다. 콰인은 논리실증주의가 내놓은 진리에 대한 큰 그림을 바꿔놓았다.

논리실증주의자들은 과학적 명제, 형이상학적 명제, 철학적 명제가 각각 따로 있고,

검증이 가능한 과학적 명제만이 의미가 있다고 생각했으며, 개별적 명제들을 하나하나 분해해서 검증할 수 있다고 보았다.

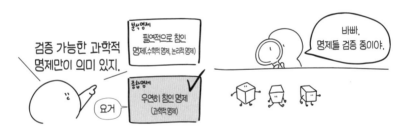

하지만 콰인은 분석명제와 종합명제가 명확히 구별되지 않으며, 따라서 과학과 철학, 과학과 형이상학이 구별되지 않는다고 주장했다.

콰인에 따르면, 진리는 개별적인 명제들의 집합이 아니라, 하나의 전체적인 그물망으로 보아야 한다.

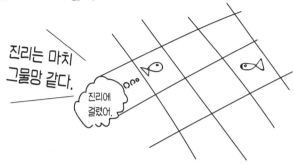

하나의 가설은 보조가설들과 함께 있다. 따라서 핵심가설이 반증되었다고 해서 그것이 그 핵심가설의 반론이 될 수는 없다. 이를 뒤엠-콰인 논제라 한다.

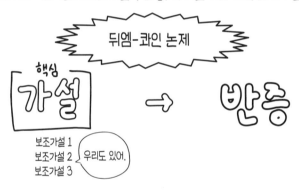

명제의 의미는 맥락 속에서 봐야 한다. 이를 '언어의 미결정성 논제'라고 한다. "철수는 참 진국이야." 여기서 진국이라는 말은 한국어의 맥락 속에서 보아야 이해된다.

콰인의 이러한 입장을 '인식론적 전체론'이라고 한다. 인식론적 전체론이란 아주 쉽고 거칠게 풀자면, 우리는 외부세계를 전체를 아우르는 덩어리로 감각하고 인식한다는 것이다.

그런데 콰인의 주장처럼 과학과 철학이 구분되지 않는다면, 철학도 과학처럼 다뤄야 한다. 그러면 과학의 토대가 철학이 아니라 과학이 되어버린다. 이런 문제점을 지적하자, 콰인은 이렇게 대답했다고 한다.

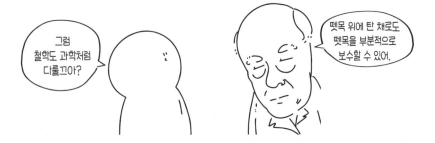

아이러니하게도 콰인은 원래 논리실증주의자였는데, 자신만의 방식으로 논리실증주의를 발전시키려다가 오히려 내부총질을 하게 되어 논리실증주의를 모두 죽여버린 셈이다.

미국적인, 너무나 미국적인 철학

19세기 말 하버드대학 철학과를 중심으로 형이상학 클럽이라는 토론모임이
생겼는데 여기에서 실용주의가 싹텄다. 실용주의는 독일 관념론의 현학적인
꼰대스러움에 반박하면서 생겨난 미국의 철학사조다.

형이상학에 반대하면서 클럽 이름을 '형이상학 클럽'이라고 한 것이다. 일종의 반어법이다.

퍼스가 실용주의의 씨를 뿌리고, 제임스가 꽃을 피우고, 나중에 듀이가 집대
성하면서 실용주의의 열매를 맺었다.

이들은 모두 미국인인데, 실용주의는 너무나 미국스러운 철학이다.

미국의 분석철학자이자 기호논리학자 퍼스는 명석판명한 관념을 얻기 위해서 필요한 것은 이성도 사고도 아니고 실험이라고 주장했다.

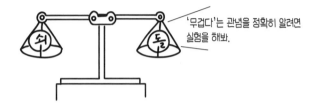

'무겁다'는 관념을 정확히 알려면 실험을 해봐.

실험, 실천 그리고 행위를 그리스어로 프라그마(Pragma)라고 하는데, 여기에서 프래그머티즘(실용주의)이란 말이 나왔다. 퍼스는 의미란 실험, 실천, 행위를 통해서만 얻을 수 있다고 한다. 이를 '의미의 이론'이라고 한다.

Pragmatism
실험, 실천, 행위　　（실용주의）

그리스어에서 나옴

의미의 이론

찰스 샌더스 퍼스(Charles Sanders Peirce, 1839~1914)

미국의 철학자이자 심리학자 윌리엄 제임스는 진리의 기준을 실생활에서의 유용성으로 봤다.

유용성이
진리다.

윌리엄 제임스(William James, 1842~1910)

"진리에는 현금가치가 있다." 유용성을 현금가치로 매길 수 있다는 것이다. 이들에겐 "차는 나보다 강하다"는 주장은 진리이고, 다중우주이론은 의미가 없다. 무의미한 논쟁에 빠지지 말자는 것이며, 상대적 진리라는 비판을 받았다.

진리엔 현금가치가 있다.

차는 나보다 강하다 → 유용성 1,000만원
다중우주이론 → 유용성 100원

내 삶에 뭔 유용성이 있겠어?

미국의 철학자이자 심리학자 존 듀이는 우리의 관념과 사상은 실생활에서 마주치는 문제해결을 위한 도구에 불과하다고 주장했다.

제임스 실용주의 + 다윈 진화론

⇒ 도구주의

존 듀이(John Dewey, 1859~1952)

존 듀이에 따르면, 지식과 이론은 구체적이고 현실적이어야 한다. 인간의 도구는 동물의 도구와 달리 문제를 능동적으로 해결하고 환경을 능동적으로 바꾸어가며, 앞으로 닥칠 문제를 예견하고 예방한다는 것이다.

와- 와 와 와

실용주의는 서부개척시대 미국인에게 잘 맞은 철학?

∾진리 사랑방∾

사회자

> 게티어 님은 「정당화된 참인 믿음은 지식인가」라는 3쪽짜리 짧은 논문으로 20세기 인식론의 판도를 확 바꾸었는데요. 어떻게 그런 논문을 쓰게 된 거죠?

정확히 말하면 2쪽 반입니다. 하하하. 사실 교수로 임용되기 위해서 연구업적을 채우려고 마지못해 쓴 거예요. 이 논문이 뜨는 바람에 종신교수가 되었죠. 그후에 책이나 논문을 거의 쓰지 않고도 먹고사는 데 지장이 없었어요. 하하하.

게티어

사회자

> 어떤 이들은 게티어 님을 '철학계의 먹튀'라고 합니다. 그러면서도 자신들의 롤 모델로 삼고 있기도 하죠.

그래도 나는 자부심을 느낍니다. 논문을 아무리 많이 쓰면 뭐해요? 양보다는 질이죠. 내 논문은 5,000번 이상 인용됐어요. 아마도 철학 논문 중에서 인용지수가 탑급일 거예요.

게티어

사회자

> 아무튼 가성비로는 최고인 것 같습니다.

사실 로또를 맞은 거나 다름없죠. 하하하.

사회자

> 퍼트넘 님은 '통속의 뇌'라는 사고실험을 발표했는데요.

통속의 뇌

데카르트의 회의주의를 더욱 직관적으로 이해할 수 있는 방법이 없을까 고민하다가 '통속의 뇌'를 생각해냈죠. 회의주의는 생각할수록 재미있는 상상이에요. 영화에서 써먹기 좋은 소재이고요.

퍼트넘

사회자

퍼트넘 님의 회의주의를 소재로 만든 영화가 많습니다. 영화 「매트릭스」와 「토탈 리콜」이 그런 경우죠.

영화 「매트릭스」

나는 철학적 문제를 심각한 거대 담론으로 말하는 걸 좋아하지 않아요. 이를테면 아인슈타인의 상대성이론을 철학적으로 분석할 땐 안드로메다의 지구 침공 사건을 예로 들었죠. 단어의 의미를 논의하기 위해서는 물의 분자식이 H_2O가 아닌 XYZ인 경우의 예를 들었고요.
퍼트넘

사회자

그런 문제들은 철학이 아니라 그냥 퍼즐 같아 보이는데요?

철학을 가볍게 퍼즐처럼 푸는 것이 좋다고 생각해요. 말장난 같은 퍼즐을 풀기 위해 철학적 이론을 바꿔야 하는 경우도 있어요. 작은 문제를 지렛대로 큰 이론을 움직이는 거죠. 그것이 나의 철학하는 방법입니다.

퍼트넘

사회자

콰인 님은 최근 철학자 투표 결과, 지난 200년간의 빅5 철학자 중 한 명으로 꼽혔습니다.

아주 영광이네요. 하하하

사회자

콰인 님은 논리실증주의자들과 교류가 많았다고 하던데요.

젊은 시절 유럽을 여행하면서 카르납 님을 비롯하여 비엔나학파 사람들과 친분이 있었죠.

콰인

사회자

그런데 콰인 님은 분석명제와 종합명제의 구별을 거부하고, 인식론적 전체론을 주장함으로써 논리실증주의의 입지를 좁게 만들었다는 평가가 있는데요.

그러게요. 하하하. 나는 기본적으로는 논리실증주의자입니다. 그런데 논리실증주의를 나만의 방식으로 발전시키려다 보니, 의도치 않게 반대되는 이론들을 내놓게 되었어요.

콰인

사회자

콰인 님을 '내부 총질을 한 철학자'라고도 합니다.

그렇습니까? 하하하. 하긴 살다보면 내 뜻과 반대되는 결과가 나오는 경우가 많죠. 어쩔 수 없죠.

콰인

사회자

실용주의 대표로 나온 제임스 님, 제임스 님 하면 "유용성이 진리다"라는 말이 떠오르는데요. 무슨 말인지요?

오스트리아의 과학철학자 파이어아벤트는 전쟁에서 척추를 다쳐서 하반신 마비가 왔어요. 병원에서 온갖 치료를 해도 별반 차도가 없었는데, 민간요법으로 침을 맞고 약초를 달여먹었더니 효과가 있는 겁니다. 그러면 그에게는 무엇이 진리일까요? 그에겐 침과 약초가 진리예요. 진리는 어려운 게 아니에요. 나한테 유용한 것이 진리입니다.

제임스

사회자

진리가 상대적이라고 보시는군요.

내가 상대적 진리를 주장한다고 비판할 수 있죠. 하지만 냉정하게 보면, 유용하지 않은 것을 진리로 받아들일 수는 없잖아요.

제임스

사회자

네, 그렇겠군요. 오늘은 다양한 진리에 대한 이야기를 해보았습니다. 감사합니다.

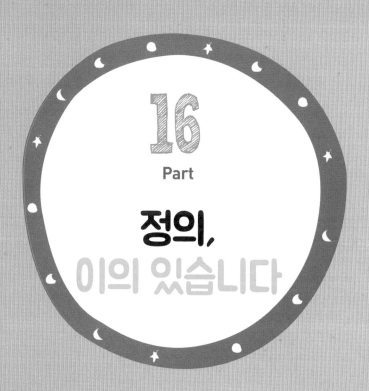

Part 16

정의,
이의 있습니다

정치철학 삼인방의 정의 배틀

공리주의는 왕이든 부자든 가난한 사람이든, 똑같은 한 사람으로 보고 '최대 다수의 최대 행복'을 추구했다.

부자든 가난한 사람이든, 혜택을 똑같이 주는 것이 공정할까? 아니면 약자에게 더 주는 것이 공정할까? 현대 정치철학의 핫이슈인 정의의 문제다.

미국의 정치철학자 존 롤스는 정의를 가장 중요한 사회적 덕목으로 보았다. 그렇다면 어떻게 해야 정의로운 사회가 될까?

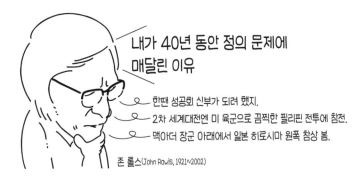

롤스에 따르면, 정의로운 사회를 위한 협의를 하기 위해선 '무지의 베일'을 써야 한다. 내가 어떤 사람인지, 내게 유리한지 불리한지를 잊어버리고 협의에 참여해야 더 많은 사람들이 행복한 정의로운 결론에 도달할 수 있다.

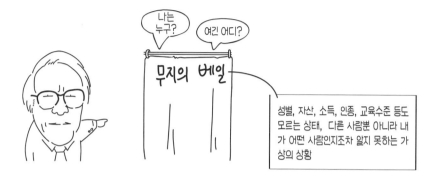

나는 누구?

여긴 어디?

무지의 베일

성별, 자산, 소득, 인종, 교육수준 등도 모르는 상태, 다른 사람뿐 아니라 내가 어떤 사람인지조차 알지 못하는 가상의 상황

롤스는 정의가 실현되기 위한 두 가지 원칙을 제안했다. 정의의 제1원칙은 자유 우선의 원칙이다. 모든 사람들은 다른 사람의 자유를 침해하지 않는 한, 자유를 가장 광범위하고 평등하게 누릴 수 있어야 한다.

제1원칙
자유 우선의 원칙
정의의 제1원칙은 항상
제2원칙에 우선한다.

천부인권인 생명권·자유권·사유재산권은 물론이고,
사상의 자유, 양심의 자유, 언론과 집회의 자유, 선거의
자유 등 기본적인 자유권

롤스의 정의의 제2원칙은 두 가지가 있는데, 하나는 기회균등의 원칙이다. 모든 사람이 똑같은 기회를 가질 수 있도록 해야 한다.

정의의 제2원칙
기회균등 원칙

다른 하나는 차등조정의 원칙이다. 사회적 약자에게 더 많은 이익을 주어야 한다는 것이다.

정의의 제2원칙
차등조정의 원칙

세상은 불가피하게 불평등하지만, 복지와 기회의 균등을 통해 정의로워질 수 있다는 것이다. 롤스의 이러한 입장을 복지국가형 자유주의라고 한다.

세상이 불공평해.
하지만
정의롭게 해보자.

롤스는 스칼렛 요한슨의 외모, 호날두의 재능, 스티브 잡스의 세상을 바꾸는 능력, 테슬라 창업자 일론 머스크의 창의력과 추진력 등은 개인의 자산이 아니라 사회적 자산이라고 보았다.

너의 재능은
사회적
자산이야.

무르팍 괜찮니?

뭐래?
내가 재능 있고
노력한 거지.

호-호호

호날두가 아마존 원주민으로 태어났다면, 달리기를 잘하니 매일 사냥만 해야 했을 수도 있다. 호날두가 성공할 수 있었던 중요한 이유 중 하나는 아마존 밀림이 아니라 축구를 사랑하는 포르투갈에서 태어난 것이다.

미국의 철학자 노직은 롤스의 의견에 반대했다. "내가 돈을 가지는 과정이 정당하다면, 내 것을 왜 가난한 사람을 위해서 내놓아야 하는가?"

로버트 노직(Robert Nozic, 1938~2002)

자본주의사회가 발전할 수 있었던 것은 소유권을 확실하게 보장해주었기 때문이다. 국가는 내 생명과 재산을 보호하는 최소한의 일만 하면 된다.

내 돈만 건드리지 않으면, 세상이 아무리 불평등하고 거지 같아도 정의롭다고 생각한다. 극단적인 형태의 자유주의로서 자유지상주의라고 한다.

미국의 정치철학자 왈저는 "왜 모든 것을 돈으로 환산하냐?"고 롤스를 비판하며, 돈뿐 아니라 정치·경제·사회·문화의 다양한 가치들도 정의롭게 분배되도록 국가가 나서야 한다고 주장한다.

마이클 왈저
(Michael Walzer, 1935~)

롤스

그런데 정치·경제·사회·문화의 다양한 가치가 정의롭게 분배되려면, 이들이 공동체의 역사 속에서 각각 어떻게 생기고 성장했는지 알아야 한다. 이러한 입장을 공동체주의라고 한다.

한마디 :
남의 고통을 이해할 수 있는 것은
사회적 동물인 인간만이 가질 수 있는 감정이다.

존 롤스는 말을 더듬었고 주목 공포증이 있었으며, 사교를 거의 안하고 주로 가족들과 지냈다. 7, 8세 무렵 동생들이 둘이나 롤스에게 전염병이 옮아 죽은 것이 큰 영향을 미쳤다 한다. 어린시절 형제들의 죽음, 전쟁의 고통, 원폭 참상…, 그럼에도 롤스의 철학은 인간 사회를 향해 열려 있다.

닮았지만 다른 동물권 철학

서양철학은 그동안 동물의 지위를 인정하는 데 인색했다. 데카르트는 동물은 정신이나 마음이 없는 자동기계 장치라서 쾌나 고통을 못 느낀다고 했고, 칸트는 이성이 없는 동물은 수단일 뿐이라고 봤다.

호주의 철학자 피터 싱어는 『동물해방』에서 동물도 고통을 당하지 않을 권리, 즉 동물권이 있다고 주장했다.

피터 싱어(Peter Singer, 1946~)

피터 싱어는 벤담의 공리주의를 받아들여 종차별을 해서는 안 되며, 이것은 인간의 의무이자, 인간이라면 마땅히 그러해야 하는 당위의 문제라고 주장했다.

동물권 공리주의

미국의 철학자 톰 레건은 칸트의 의무주의를 받아들여 동물권과 관련된 의무주의를 주장했다.

동물권 의무주의

칸트 님,
나도 이름 좀
빌려줘요.

톰 레건
(Tom Regan, 1938~2017)

동물도 감각이나 지각, 기억이나 의식을 가지고 있으며, 삶의 주체이기에 내재적 가치를 가지고 있고, 따라서 도덕적 권리를 가지고 있다고 주장한다.

동물도 도덕적 권리가 있다.

야옹

피카피카

쮸뿌쮸뿌

또한 동물을 목적이 아닌 수단으로만 대해서는 안 되며, 모든 생명체는 고유한 생명체로서의 가치를 존중받아야 한다.

동물도!
수단으로만 대하지 말라.

피터 싱어나 톰 레건은 둘 다 공장식 축산, 동물실험, 육식을 반대했다. 그런데 둘의 생각에는 미묘한 차이가 있다.

유람선이 사고가 나서 뒤집혔다고 하자. 구명보트에 사람 네 명과 개 한 마리가 간신히 올라탔다. 정원이 초과되었다면 누구를 빠뜨려야 할까?

공리주의의 영향을 받은 피터 싱어라면 개를 빠뜨려야 한다고 생각할 것이다. 인간이 살아남았을 때 얻을 행복의 양이 살아남은 개의 행복량보다 크다고 생각하기 때문이다.

의무주의자인 톰 레건도 개를 바다에 빠뜨려야 한다고 하겠지만, 그 이유는 피터 싱어와 다르다. 인간의 내재적 가치가 개보다 크기 때문이라고 대답할 것이다. 레건은 내재적 가치는 양을 더하거나 곱할 수 없다고 생각했다.

아이러니하게도 현대적 의미의 동물보호법을 최초로 만든 나라는 나치독일이다. 어떤 사람들은 히틀러가 자신의 반려견을 좋아했기 때문이라고 하는데, 아무튼 아이러니하다.

1978년 유네스코는 <세계동물권리선언>을 발표했다. 유럽이나 미국 일부 주에서는 축사에서 소와 돼지, 닭을 움직일 수 없는 상태로 키우면 불법이고, 스위스에서는 살아 있는 가재를 끓는 물에 넣어 요리하면 불법이다.

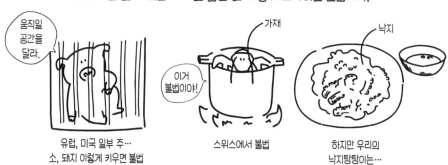

∾ 정의 사랑방 ∾

사회자

정의의 문제는 마이클 샌델 교수의 『정의란 무엇인가?』라는 책을 통해서 많이 알려졌는데요. 여기 모신 롤스, 노직, 왈저 님 모두 하버드대학 교수였는데요. 같은 학교에 있었으니 서로 친분이 두텁겠죠?

…….

롤스   노직   왈저

사회자

아…, 정치적 입장이 다르셔서…. 워낙 민감한 문제긴 하죠. 아무튼 롤스 님, 정의란 뭔가요?

정의란…

롤스

정의란 모두에게 기본적인 자유와 똑같은 기회를 보장하되, 사회적 약자에게는 더 많은 이익을 주는 것입니다.

내돈내산이지.

노직

사회적 강자는 뭔 죄입니까? 내가 재능이 많아서 억만장자가 됐는데, 왜 사회적 약자에게 이익을 줘야 해요? 나는 정의란 개인의 재산을 보호하는 것이라고 생각합니다.

롤스

그건 아주 편협한 생각이에요. 스티브 잡스 같은 부자들이 조금 희생해서 사회적 약자를 돕는 것이 뭐가 잘못됐습니까?

노직

자본주의 사회에선 어쩔 수 없어요. 어떤 사람은 재능이 있거나 운이 좋아서 강자가 되고, 어떤 사람은 약자가 될 수밖에 없는 거예요.

무지의 베일 아니고
무지의 선글라스ㅋㅋ

입장 바꾸어 생각해 보세요. 나는 이것을 '무지의 베일' 사고실험이라고 하는데요. 만약 내가 글로벌 기업 오너의 아들로 태어날지, 인도의 불가촉천민으로 태어날지 모른다고 합시다. 그러면 이 세상이 어떤 세상이었으면 좋겠어요? 강자가 약자를 돕는 세상이었으면 좋지 않겠어요? 롤스

물론 강자의 돈을 빼앗아 약자에게 주는 게 좋을 수도 있죠. 하지만 자본주의 사회에서 계속 그렇게 하면 사람들이 열심히 일하려 하지 않아요. 그러면 사회 전체의 부도 줄어들 것이고요. 노직

둘 다
엄청 답답하네요.

왜 모든 걸 돈으로만 환산하려고 하죠? 돈만 제대로 분배되면 정의가 실현될 것처럼 말하는데, 세상에는 돈 말고도 다양한 가치가 있잖아요. 정치·경제·문화·종교의 영역엔 나름의 가치가 있어요. 그러한 가치를 인정해줘야 해요. 왈저

왈저 님의 말씀을 이해는 합니다. 하지만 현실의 권력은 모두 돈입니다. 정치든 경제든 과학이든 문화든 종교든 예술이든, 권력은 돈으로부터 나옵니다. 그걸 외면하면 안 돼요. 노직

 사회자
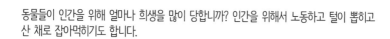
잠시 모두 진정하시고요. 분위기가 너무 과열된 것 같습니다.
싱어 님, 동물권에 대해 얘기해주시죠.

동물들이 인간을 위해 얼마나 희생을 많이 당합니까? 인간을 위해서 노동하고 털이 뽑히고 산 채로 잡아먹히기도 합니다. 싱어

 사회자
네, 안타깝게도 그렇지요. 그런데 사람도 먹어야 하니 어쩔 수 없는 것도 있지 않을까요?

물론 어쩔 수 없는 것도 있죠. 하지만 우리가 조금만 배려하면 고통을 줄일 수 있잖아요. 인간에게 인권이 있듯, 동물에게도 동물권이 있습니다.

동의합니다. 동물권 보호는 선택이 아니라 의무예요. 동물을 좋아할 수도 있고 좋아하지 않을 수도 있지만, 종차별을 해서는 안 됩니다.

그러면 두 분의 입장은 같은 건가요?

사회자

좀 다르죠, 뭐.

동물권을 보장해야 하는 이유의 근거를 따져보면, 서로 입장이 다릅니다. 나는 벤담의 공리주의에 그 근거를 두지만,

나는 칸트의 의무주의에 그 근거를 두고 있죠. 하지만 그 결과는 같아요. 우리 모두 공장식 축산, 동물실험, 육식에 반대합니다.

지금 인권도 엉망……

롤스 님의 '무지의 베일' 사고실험을 동물에도 적용시켜 보죠. 롤스 님이 다음 생에 소로 태어난다면 어떨까 생각해 보세요. 그래도 소고기가 맛있다고 하겠나요?

자자, 모두들 진정하세요. 처음에는 정의의 문제를 가지고 세 분이 싸우더니, 이제는 동물권을 놓고 대결이 되어버린 것 같네요. 아무튼 여기까지 하고 서둘러 마치겠습니다.

사회자

악은 평범 속에 있다

1961년 12월, 예루살렘에서 역사적 전범재판이 열렸다. 피고는 나치 친위대의 아돌프 아이히만. 그는 유럽 전역의 유대인들을 아우슈비츠 같은 포로수용소로 데려오는 수송 책임자였다.

유대인 수용소
수송 책임자

아돌프 아이히만

나치는 2차 세계대전(1939~1945) 중
유럽 전역에서 유대인 600만 명을 학살했다!

독일이 2차 세계대전에서 패하자, 아이히만은 아르헨티나로 도피해 신분을 속이고 숨어살았다. 15년 후인 1960년 5월 아이히만은 이스라엘 정보기관 모사드에 체포되어 이듬해 예루살렘의 법정에 섰다.

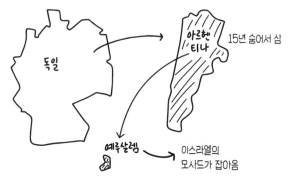

아르헨
티나

15년 숨어서 삼

독일

예루살렘

이스라엘의
모사드가 잡아옴

미국의 정치철학자 한나 아렌트는 독일에서 태어났으나 나치의 유대인 탄압으로 1933년에 파리로 이주했고, 2차 세계대전이 터지자 1941년 미국으로 망명했다.

유대인 탄압

독일

미국
미국 정치철학자

프랑스

2차 세계대전 당시

아렌트는 『뉴요커』 특파원 자격으로 8개월 동안 전범재판을 참관했는데, 이 경험을 바탕으로 쓴 책이 『예루살렘의 아이히만』이다. 재판을 참관하던 아렌트는 깜짝 놀랐다. 아이히만은 가족들에게 성실하고 자상한 아버지였다.

아이히만은 자신이 무죄라고 주장했다. "나는 법을 지켰을 뿐이고, 상부에서 맡긴 임무를 충실히 했을 뿐이니 양심의 가책을 받지 않는다. 나는 죄가 없다."

아이히만은 자신의 일을 효율적으로 처리했다. 열차시간표를 효율적으로 짜고, 유대인들에게 코드를 부여해 관리하고, 나중에는 시간을 아끼기 위해 아예 열차 안에 가스실을 만들었다.

유대인 수송은 엄청난 규모의 일이었다. 당시 나치독일의 철도 길이는 약 17만 킬로미터였다고 한다.

한나 아렌트는 아이히만의 죄를 이렇게 말한다. "그의 죄는 사유 불능성, 그중에서도 '타인의 입장에서 생각하기의 무능성'이다."

아이히만의 죄는 '사유 불능성'!

생각 좀 하고 살아.

"악은 평범함 속에 어느 곳에나 있다." 한나 아렌트는 이것을 '악의 평범성' 이라고 한다.

악의 평범성

나치

평범한 가장 성실한 국가 공무원

공무 서류

우리 일상 속에도 이런 악은 널려 있다. 우리가 어떤 일을 저지르고 있는지, 어떤 상태에 있는지 객관적으로 깨닫지 못할 수 있기 때문이다. 우리는 과연 악의 평범성에서 자유로울까?

악은 평범함 속에 어느 곳에나 있다!

알게 뭐야. 내 돈만 불어나면 돼.

게임이론과 죄수의 딜레마

게임이론은 의사결정에 관한 이론으로 정치학, 경제학, 생물학에서 주로 이용된다. 어떤 의사결정이 가장 유리할까?

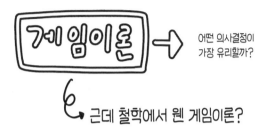

어떤 의사결정이 가장 유리할까?

근데 철학에서 웬 게임이론?

철학책에서 왜 게임이론을 이야기할까? 인간이 왜 이타적인지, 왜 협력하는지와 같은 윤리적인 문제들에 대한 실마리를 주기 때문이다.

인간은 왜 이타적인가?

인간은 왜 협력하는가?

꽈-아악

범인 A와 B가 은행을 털었다. 이들은 돈을 나눠 가진 후 끝까지 비밀을 지키기로 맹세했다. 그런데 둘 다 용의자로 체포됐다.

우리 절대 불지 말자!

너 나 믿지?

돈 털림

은 행

경찰은 두 사람을 각각 다른 방에서 취조하며 제안했다. 둘다 묵비권을 행사하면 징역 1년씩을 받게 되지만, 한 사람만 자백하면 징역을 안 살아도 되고 (자백을 안 한 사람은 징역 20년!), 둘 다 자백하면 징역 5년이다.

공리주의를 적용하면 둘 다 묵비권을 행사하는 것이 최선이다. 그럼 둘 다 징역 1년씩만 살면 된다. 그런데 문제는 나는 약속대로 묵비권을 행사했는데, 동료가 자백한 상황이다.

그러면 자백한 동료는 무죄가 되고, 나는 징역 20년을 살아야 한다. 즉, 둘 다 협력을 하면 최선이지만, 상대방이 배반을 하면 나만 손해인 것이다. 이것을 '죄수의 딜레마'라고 한다.

죄수의 딜레마 상황이 반복적으로 벌어질 경우, 어떤 전략이 유리할까? 1980년대에 미국 미시건대학 로버트 액설로드 교수가 죄수의 딜레마 전략 리그전을 열었다. 이때 수많은 전략 팀이 참여했다.

정의파: 상대가 협력하면 나도 협력하고, 상대가 배신하면 나도 배신한다.
천사파: 무조건 협력한다.
막가파: 무조건 배신한다.
사기꾼파: 협력하는 척하다가 배신한다.
원한파: 상대가 한 번 배신하면 그다음부터 나는 끝까지 배신한다.
오리무중파: 협력과 배신을 랜덤으로 한다.

어느 팀이 이겼을까?

죄수의 딜레마 리그전에서는 정의파가 우승했다. 상대가 협력하면 나도 협력하고, 상대가 배신하면 나도 배신하는 전략이다. 상위권 전략의 특징은 다음의 3가지였다.

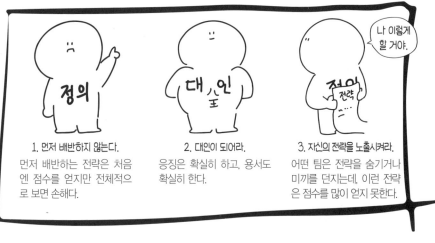

나 이렇게 할 거야.

1. 먼저 배반하지 않는다.
먼저 배반하는 전략은 처음엔 점수를 얻지만 전체적으로 보면 손해다.

2. 대인이 되어라.
응징은 확실히 하고, 용서도 확실히 한다.

3. 자신의 전략을 노출시켜라.
어떤 팀은 전략을 숨기거나 미끼를 던지는데, 이런 전략은 점수를 많이 얻지 못한다.

한 마을에 천사파가 30%, 정의파 20%, 막가파 20%, 사기꾼파 10%, 원한파 10%, 오리무중파가 10%이고, 몇 세대가 지나도록 변동이 없었다고 하자. 당신이 이 마을로 이사갔다면 어떤 전략을 취하는 게 적응에 유리할까?

마을

이사옴

총총- 총

사기꾼파 10%
정의파 20%
막가파 20%
천사파 30%
원한파 10%
오리무중파 10%

이때 최적의 전략을 짜서 그 마을에 잘 적응한 상태를 '내쉬균형'이라고 한다. 내쉬균형은 다른 사람들이 전략을 바꾸지 않는 한 나의 전략을 바꿀 필요가 없는 상태를 말한다.

내쉬균형

미국의 수학자이자
게임이론의 창안자
영화 「뷰티플 마인드」의 실제 주인공

존 내쉬(John Forbes Nash Jr., 1928~2015)

이 마을이 다른 마을들의 틈바구니에서 살아남았다는 것은 그들의 전략이 적절했다는 것이다. 마찬가지로 인간이 다른 생명체들 사이에서 살아남아 만물의 영장이 된 것은 인간의 전략이 적절했기 때문이다.

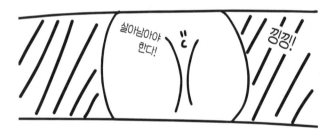

살아남아야 한다!

깽깽!

인간이 협력하고 공존하는 것은 진화의 산물이며, 그것이 인간의 생존에 유리하기 때문인 것이다.

인간의 협력,
공존도 진화의 산물

도와줄까요?

다윈

∼ 인간성에 대하여 ∼

사회자

아렌트 님은 아이히만의 전범재판을 직접 보셨죠?

전부 다는 아니지만, 재판을 직접 보았습니다.
아렌트

사회자

아이히만의 인상은 어땠습니까?

놀랍게도 그냥 평범한 사람으로 보였어요. 재판을 보면서 어떻게 저렇게 평범한 사람이 그렇게 끔찍한 일을 저질렀나 궁금했죠. 그래서 쓴 책이 『예루살렘의 아이히만』입니다.
아렌트

사회자

그런데 어떤 사람들은 아렌트 님이 아이히만에게 속은 거라고 하더군요. 아이히만이 자발적으로 유대인 학살에 가담했으면서, 상부의 명령 때문에 한 것처럼 속였다는 것입니다.

물론 그렇게 생각할 수도 있죠. 하지만 나는 진짜로 속은 사람은 아이히만 그 자신이라고 생각해요. 사실은 상부의 명령으로 학살을 저질러 놓고, 그것이 자기의 의지였다고 스스로를 속인 거죠. 자신마저 속이도록 만드는 것, 이것이 진정한 가스라이팅이죠.
아렌트

사회자

이건 좀 개인적이고 민감한 질문인데요. 앞의 인터뷰에 하이데거 님도 나오셨는데요. 학생 시절 아렌트 님은 하이데거 님과 불륜관계였다고 하던데요. 맞습니까? 하이데거 님은 긍정도 부정도 하지 않았는데….

음…; 맞습니다. 그때는 너무 어려서. 돌이켜보면 가스라이팅을 당한 건지도 모르겠네요.
아렌트

사회자

아… 민감한 질문에도 솔직하게 대답해 주셔서 감사합니다. 이번엔 존 내쉬 님과 이야기를 나눠 보겠습니다.

나는 수학자입니다. 그런데 왜 나를 인간성에 관한 인터뷰에 불렀나요?

내쉬

사회자

솔직히 말씀드리면, 그건 저의 개인적 판단이었습니다.

왜 그런 판단을 했죠?

사회자

좌수의 딜레마와 내쉬의 균형 이론은 인간이 사회적으로 왜 이렇게 진화했는지를 설명해 줄 수 있다고 생각했기 때문입니다.

일리가 있네요. 이기적인 사람도 이타적인 사람도 있죠. 선한 사람도 있고 악한 사람도 있죠. 사람들이 이런 인간성을 가지도록 진화한 것은 내쉬의 균형의 결과라고 볼 수도 있습니다. 인간 종 전체의 생존을 최적화하도록 진화를 했다는 것이죠.

내쉬

사회자

저도 그렇게 생각합니다. 내쉬 님의 일대기를 그린 「뷰티플 마인드」라는 영화가 있는데요. 조현병으로 고생을 하셨다고 들었습니다.

환각과 망상으로 10년 정도 정신병원에 있었습니다. MIT대학의 수학 교수직을 포기할 수밖에 없었죠.

내쉬

사회자

하지만 내쉬 님은 그러한 어려움을 극복하고 노벨 경제학상을 받으셨죠?

내쉬의 균형 이론이 경제학에 기여한 바가 크다고 상을 받았죠. 힘들었지만 뿌듯했어요.

내쉬

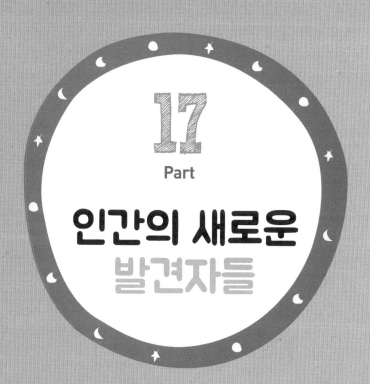

Part 17

인간의 새로운
발견자들

꿈의 해석

정신분석학의 창시자 프로이트는 인간의 의식 아래 커다란 무의식이 있다고 한다. 수면 위에 있는 빙산의 작은 부분이 의식이고, 수면 아래 있는 빙산의 커다란 부분이 무의식이라는 것이다.

지그문트 프로이트(Sigmund Freud, 1856~1939)

프로이트는 『꿈의 해석』에서 인간에게는 3가지 얼굴이 있다고 한다. 바로 원초아(이드), 자아(에고), 초자아(슈퍼에고)이다.

원초아는 원초적 본능을 말한다. 원초아에는 에로스(Eros)와 타나토스(Thanatos) 등 두 가지가 있다.

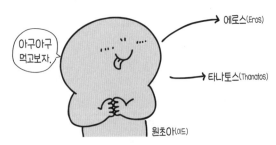

에로스는 삶과 자기보존의 본능으로 식욕·배설욕·수면욕·성욕 같은 것이다.
타나토스는 죽음과 파괴의 본능이다. 갓 태어난 아기는 원초아밖에 없다.

에로스
삶과 자기보존의 본능

타나토스
죽음과 파괴의 본능

초자아는 도덕과 양심의 목소리이다. 자아는 원초아와 초자아 사이에서 균
형을 맞춘다.

원초아(이드) 자아(에고) 초자아(슈퍼에고)

자아는 원초아가 너무 강하면 누르거나 우회전략을 짜주고, 초자아의 도덕
의 목소리가 너무 높아지면 조금 누그러뜨리기도 한다. 정신적으로 건강한
사람은 자아가 기능을 잘해서 원초아와 초자아가 균형을 이룬다.

원초아(이드) 자아(에고) 초자아(슈퍼에고)

프로이트의 아버지는 40세 때 20세인 어머니와 결혼했다. 아버지가 전처 사이에서 낳은 첫째아들이 21세였으니 아들보다 어린 부인을 맞은 것이다.

이듬해 프로이트가 태어났고, 바로 밑 남동생은 생후 1년 만에 죽고, 내리 딸 다섯을 낳고, 프로이트와 열 살 터울인 남동생이 태어났다. 어머니는 장남인 프로이트와 강한 애착관계를 가졌을 거라고 추측된다.

프로이트와 라캉은 인간의 의식 아래의 무의식에 원초적이고 성적인 욕망의 덩어리가 있다고 한다. 그리고 욕망은 결핍으로 인해서 생기며, 그 결핍을 채 우면 사라질 것이라고 봤다.

반면 들뢰즈와 가타리는 프로이트가 욕망을 무의식의 성적 욕망, 오이디푸스 콤플렉스니 하며 막장 가족 드라마의 소재로 만들어버렸다며,

막장 드라마 소재로
만들어버렸어.

들뢰즈   가타리

인간의 결핍은 채워지지 않는다고 한다. 욕망은 막연한 결핍이 아니며, 아주 구체적이고, '무엇과 접속하느냐'에 따라서 달라진다고 보았다.

미안하지만,
인간의 결핍은
안 채워져.

들뢰즈

입이 음식과 접속하면 먹고 싶다는 욕망이 생기고, 친구와 만나면 말하고 싶다는 욕망이 생기고, 애인을 만나면 키스하고 싶다는 욕망이 생긴다.

들뢰즈와 가타리는 욕망은 끊임없이 새로운 것을 생산하려는 긍정적인 힘이며, 끊임없이 운동을 하면서 무언가를 생산하는 우주의 근본적 운동원리라고 본다. 마치 스피노자의 '코나투스'나 니체의 '힘에의 의지'처럼 말이다.

으샤으샤   요-오-ㄱ-망

융이 스승과 결별한 이유

스위스 취리히 의과대학의 교수였던 융은 프로이트의 무의식에 관한 이론에 깊은 감명을 받아 오스트리아 빈으로 만나러 갔다.

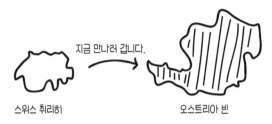

스위스 취리히

지금 만나러 갑니다.

오스트리아 빈

융과 프로이트는 나이가 19세나 차이가 나는데도 대화가 잘 통했는지 함께 연구를 시작했다. 프로이트는 융을 자신의 후계자로 생각했지만, 나중에 융은 프로이트와 갈라섰다.

저는 이만…

널 후계자로 생각했는데…

칼 융(Carl Jung, 1875~1961)

프로이트

융은 의식 아래에 무의식이 있다는 것, 히스테리나 강박적 신경증 등이 성적 에너지와 관련 있다는 것은 인정했지만, 프로이트의 유아성욕론이나 오이디푸스 콤플렉스 등에는 동의하지 않았다.

그건 좀….

그걸 빼면 앙고 빠진 찐빵이야.

융은 프로이트의 정신분석학회를 탈퇴하고 분석심리학회를 만들어 자신만의
이론을 개척했다.

의식은 지각하고 경험하는 것이다. 지금 나는 '의식적으로' 무언가를 생각하
면서 '의식적으로' 무언가를 쓰고 있다. 이게 바로 자아다. 그런데 이 모습이
나의 진짜 모습일까?

우리는 상황과 환경에 따라 거기에 맞는 가면을 바꿔 쓴다. 직장에 가면 직
장인의 가면을 쓰고, 어떨 때는 센 척하는 가면을 쓴다. 이런 가면을 '페르소
나'라고 한다.

페르소나를 벗으면 또 다른 내가 나올 것이다. 그것이 나의 개인 무의식이다.

개인 무의식 속에는 그림자, 즉 자아의 억압된 성향과 충동이 있다. 그리고 개인 무의식 아래에 또 다른 무의식이 있는데, 그것이 바로 집단 무의식이다.

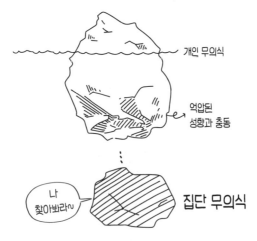

집단 무의식은 인류가 계속되면서 겪은 과거의 경험이 누적된 것이다. 이를테면 우리가 뱀이나 어둠을 무서워하는 이유는, 우리의 조상인 원시인들이 뱀이나 어둠 때문에 위험을 겪은 것이 무의식으로 누적된 것이다.

뱀이나 어둠을 무서워하는 등의 집단 무의식은 꿈·환상·신화·예술 속에서 반복적으로 나타난다. 이러한 정신적 이미지를 '원형'이라고 한다.

집단 무의식 속에는 아니마와 아니무스가 있다. 사람은 남성성, 여성성을 모두 가지고 있는데, 남성이 가지고 있는 여성성을 아니마, 여성이 가지고 있는 남성성을 아니무스라고 한다.

집단 무의식에 걸쳐 있는 것이 바로 자기(self)다. 이것이 바로 진정한 나다.

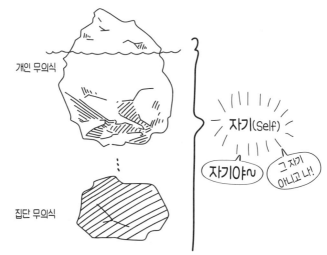

아래 그림에서 안쪽이 무의식이고, 밖이 의식이다. 의식 밖에는 얼굴, 즉 가면만 있다. 나의 진짜 모습은 무의식 속에 있으며, 가운데 태양이 진짜 나다. 자기(self)는 정신 전체의 중심이다.

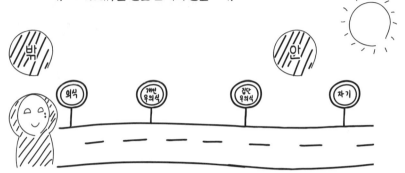

내 의식의 중심인 자아가 내 정신의 중심인 '자기'를 향해 가는 것을 '개별화, 개성화'라고 한다. 이것이 자기실현의 과정이고, 나를 찾아 떠나는 여행이다. 융은 자기를 찾는 것이 삶의 목표라고 했다.

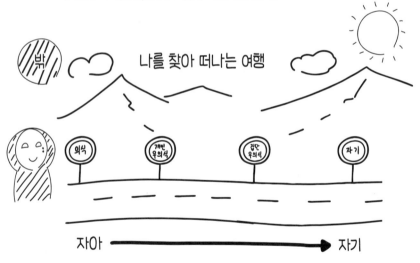

한마디 :

헤어질 때를 아는 것도 지혜다.

스승 프로이트와 결별하고 자신만의 철학을 개척한 융.

미움받을 용기, 그 뿌리 _____

알프레드 아들러는 1870년 오스트리아 빈 근교의 유대인 집안에서 태어났다. 어린 시절 몹시 병약했고, 구루병으로 4세까지 걷지 못했으며, 같이 자던 동생이 죽는 광경을 목격하기도 했고, 두 번의 교통사고로 죽을 고비를 넘겼다.

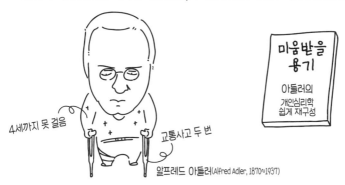

4세까지 못 걸음

교통사고 두 번

미움받을 용기
아들러의 개인심리학 쉽게 재구성

알프레드 아들러(Alfred Adler, 1870~1937)

공부를 못해서 선생님이 아버지에게 구두 만드는 기술을 가르치라고 할 정도였다. 건강하고 공부도 잘하는 형에게 열등감을 많이 느꼈다. 하지만 아버지의 응원 덕분에 우수한 성적으로 학교를 졸업하고 안과의사가 됐다.

우리 아들 파이팅~

아부지

아부지 짱!

안과의사 됨

아들러

아들러는 나중에 정신과 의사가 되었고, 프로이트를 따르면서 빈 정신분석학회의 회장이 되었지만, 후에 탈퇴하고 개인심리학회를 만들었다.

너도 가니?

저도 가요. 융 님처럼.

프로이트는 인간을 원초아·자아·초자아로 나누고 인간은 그 사이에서 균형을 맞추며 살아간다고 했지만, 아들러는 인간을 '더 이상 나눌 수 없는 것'이라고 했다. 그래서 아들러의 심리학을 개인심리학이라고 한다.

프로이트는 인간의 과거에 관심을 가졌지만, 아들러는 인간의 미래에 관심을 가졌다. 과거의 사건을 바꿀 수는 없지만, 현재의 내 의지로 과거 사건에 대한 관점을 바꿈으로써 미래에 미치는 영향을 바꿀 수 있다는 것이다.

프로이트는 인간을 움직이는 것은 성적 욕망이라고 했지만, 아들러는 열등감을 극복하고 우월해지려는 의지라고 보았다.

안과의사 아들러는 시력이 떨어지면 청력이나 촉각 등이 더 발달하고, 눈이 좋지 않은 사람들이 오히려 독서에 더 집착한다는 걸 알아냈다.

모든 인간은 불완전하다. 따라서 불완전함 그 자체는 아무런 문제가 안 된다. 그것을 열등감(콤플렉스)으로 해석하고 자신을 현재의 상황에서 꼼짝하지 못하게 옭아매는 것이 문제다.

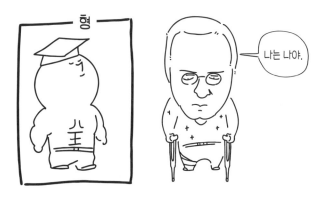

아들러는 사람들이 이미 벌어진 과거의 사건이라도 그것을 새롭게 해석함으로써 자신의 불완전함을 극복하는 계기로 만들 수 있는 능력을 갖고 있다고 믿었다.

우리는 타자의 욕망을 욕망한다

프랑스의 철학자이자 정신분석학자 라캉이 활동하던 당시, 정신분석학은 마치 자아형성 과정을 다루는 일종의 임상병리학과 같았다.

라캉은 프로이트 정신분석학의 기본으로 돌아가자고 한다. 인간의 의식 아래의 억압된 무의식에 주목하고, 프로이트의 이론을 소쉬르의 언어학과 레비-스트로스의 구조주의 관점에서 재해석하여 새로운 이론으로 바꿨다.

자크 라캉(Jacques Lacan, 1901~1981)

라캉은 프로이트의 원초아·자아·초자아 개념을 달리 해석해 상상계·상징계·실재계라는 개념을 내놓았다.

상상계는 자아가 형성되는 이미지들의 장이다. 아기는 6∼18개월 거울단계에서 거울을 보고 '저게 나구나'라는 것을 깨달으며 자아를 가지게 된다.

자아가 형성되는 이미지의 장

아이는 자신을 거울 속의 이미지와 동일시하며, 자신이 완벽한 존재자라고 착각하고 그 이미지와 사랑에 빠진다. 거울단계의 이러한 나르시시즘은 성인이 되어서도 원형으로 계속 나타난다.

상상계는 이미지의 세계인 반면, 상징계는 언어의 세계이고 법과 규칙의 세계다.

상징계로 들어선 아기는 그 질서 속에서 주체가 형성된다. 보지도 듣지도 못하는 헬렌 켈러는 촉수화로 '아, 이것을 물이라고 하는구나' 깨닫는 순간 상징계(개념의 세계)로 들어서게 되었다.

아기는 상상계에서는 마음대로 상상하지만, 상징계에서는 그럴 수 없다. 상징계에서 주인은 아이 자신이 아니라 언어이기 때문이다. 극단적으론 이렇게 말할 수 있다. "인간이 언어를 만든 것이 아니라, 언어가 인간을 만든 것이다."

근대 철학자 데카르트는 인간을 '생각하는 주체'라 했지만, 현대 철학자 라캉은 인간을 '언어에 의해서 생각을 당하는 주체'라고 한다. 생각은 항상 언어의 형태로 나타나며, 따라서 주체 안에는 진정한 자기가 없다.

실재계는 이미지로도 언어로도 포착되지 않는다. 실재계는 이미지(상상계)와
언어(상징계)를 넘어서 있으면서도 이들에게 영향을 미친다.

라캉은 욕구와 요구, 그리고 욕망을 구분한다. 욕구란 식욕·수면욕 등 생물학
적 요구다. 욕구는 채워지면 금방 해결된다. 욕망은 무제약적인 사랑처럼 절
대로 충족되지 않는 요구이다. 말하자면 요구에서 욕구를 뺀 것이 욕망이다.

어떤 사람은 미친 듯이 자동차를 사들이고, 여자를 만나고, 독서를 하지만,
만족하지 못하고 더 많은 것을 찾아 계속 방황한다. 우리의 욕망은 왜 안 채
워질까? 나의 욕망이 사실은 타자의 욕망이기 때문이다.

상상계에는 아기와 엄마의 2자 관계만 있다. 이때 아기에겐 엄마가 전부이다. 아기는 엄마의 욕망의 대상이 되기를 원하지만, 아버지 때문에 될 수 없다는 것을 알게 된다. 이것을 상징적 거세라고 한다.

이제 아기는 언어라는 상징적 질서로 들어가게 되고, 비로소 주체가 형성된다. 엄마에 대한 욕망이 있었던 빈자리는 채워지지 않고 영원히 결핍된 상태로 남는다. 주체가 형성된다는 것은 필연적으로 어떤 결핍을 발생시킨다.

현대 소비사회는 인간의 이러한 욕망을 계속 부추긴다. 저 가방이 내 욕망이라는 착각을 심어주고, 저 대학이 내 욕망이라는 착각을 계속 심어준다. 우리는 타자의 욕망을 욕망한다. 이에 인간의 욕망을 충족시키려는 노력은 실패한다.

∿ 무의식 사랑방 ∿

사회자

먼저 정신분석학의 창시자 프로이트 님과 이야기를 나누겠습니다. 그런데 프로이트 님, 담배를 피우시는군요. 콜록콜록.

구강암 수술을 30번 받았지만 담배를 끊은 적이 없어요.
프로이트

사회자

아……. 어떻게 인간의 무의식에 대해서 연구하게 됐나요?

아주 우연한 기회였어요.

젊을 때 브로이어 박사와 함께 안나 O라는 여성의 히스테리 증상을 치료했는데, 원인을 찾기 위해 최면을 걸었죠. 그런데 안나의 얘기를 듣다보니, 인간의 무의식 속에는 의식적으로 드러낼 수 없는 감정과 기억들이 있더라고요.
프로이트

사회자

인간의 무의식엔 구체적으로 뭐가 들어 있나요?

성적 욕망과 폭력적 충동이 있습니다. 그런 건 의식적으로 드러낼 수 없기 때문에 무의식 속에 꼭꼭 눌러놓은 거죠.
프로이트

인간의 무의식은 어둡기만 한 게 아니에요.
융

사회자

융 님은 프로이트 님의 후계자였던 걸로 알고 있는데요. 두 분의 생각이 다른 것 같습니다.

젊었을 때는 프로이트 님을 존경하고 같이 연구를 했습니다. 그런데 프로이트 님은 인간의 모든 행동을 성적인 것으로 연결시켜서 생각하는 겁니다. 그래서 더 이상 함께할 수 없었어요.

융

사회자

융 님은 무의식을 뭐라고 생각하십니까?

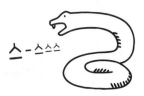
스-스ㅅㅅ

인간의 무의식 속에는 집단 무의식이라는 것도 있어요. 인류가 진화과정을 거치면서 경험이 누적되어 만들어진 것이죠. 집단 무의식은 우리의 꿈이나 신화에 반복적으로 나타납니다.

융

사회자

무의식이 인간의 문화 속에 스며들어 있다는 말인가요?

그렇습니다. 그래서 중요한 것은 의식과 무의식을 합친 전체 정신의 주인인 자기를 찾는 겁니다. 자기를 찾음으로써 자신의 잠재성을 발견하고, 미래에 새로운 사람이 될 수 있습니다.

융

사회자

융 님의 무의식은 긍정적인 것 같습니다.
아들러 님도 처음에는 프로이트 님의 제자였죠?

그렇긴 한데요…

프로이트 님이 무의식을 너무 어둡게만 해석해서 나도 독립을 했습니다.

아들러

376

믿을 ㄴ이 하나도 없…

프로이트

프로이트 님은 자꾸 인간의 과거만 생각하는데, 중요한 것은 그게 아니에요.

아들러

사회자

아들러 님에게 중요한 것은 무엇인가요?

중요한 것은 인간의 미래죠. 프로이트 님은 인간을 움직이는 것은 성적 욕망이라고 하지만, 나는 열등감을 극복하고 우월해지려는 의지라고 봅니다. 인간은 자신의 의지를 통해서 얼마든지 미래를 만들어 갈 수 있는 존재입니다.

아들러

아뇨, 프로이트 님이 옳아요.

잠깐, 저 청년은 누구에요?

프로이트

사회자

라캉 님인데, 프로이트 이론을 계승 발전시킨 철학자입니다.

내 제자들보다 낫네.

프로이트

사회자

말씀하시죠, 라캉 님.

프로이트로 돌아가야 해요.

그래서 나는 프로이트의 무의식 이론을 발전시켜 상상계·상징계·실재계라는 개념을 만들었죠.

라캉

라캉 님은 프로이트 님의 오이디푸스 콤플렉스를 새롭게 해석했죠?

사회자

오이디푸스 콤플렉스를 통해서 인간의 욕구와 욕망 이론을 제시했습니다. 인간은 본질적으로 욕망을 채울 수 없는 존재라는 것을 보여주었죠.
그나저나 프로이트 님, 뵙고 싶었습니다.

라캉

우리 둘이 나가 이야기를 좀더 나눠 보죠.

프로이트

아…, 인터뷰는 여기서 마쳐야겠네요.

사회자

18
Part

과학을 둘러싼
철학자들의
한판 승부

과학, 비과학의 경계를 나누다

20세기 초 논리학·수학·물리학이 혁명적으로 발전하자, 오스트리아의 비엔나대학에서 비엔나서클이 만들어졌다. 이들이 바로 슐리크, 카르납 등의 논리실증주의자들이다(괴델, 타르스키, 라이헨바흐, 콰인도 참석했다).

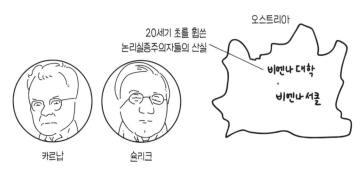

20세기 초를 휩쓴
논리실증주의자들의 산실

오스트리아

비엔나 대학
·
비엔나 서클

카르납   슐리크

논리실증주의는 관찰과 경험을 통해 검증 가능한 과학적 명제만을 받아들였다. 검증이 가능하면 과학이론이 될 수 있고, 검증이 불가능한 형이상학·윤리학·미학·종교와 같은 것은 비과학이라는 것이다.

잘 보여.

검증 가능   검증 불가능

과학이론   비과학

(형이상학·윤리학·미학·종교 등)

논리실증주의자들은 귀납법을 과학의 표준적 방법론으로 삼았다. 하지만 귀납법은 두 가지 문제가 있다.

??

잉? 귀납법도
문제 있어.

논리실증주의자들

아무리 많은 관찰을 통해서 입증된 명제도 단 하나의 반례만 있으면 거짓이 된다. 따라서 귀납법으로 도출한 명제가 100% 확실한 명제라고 할 수 없다.

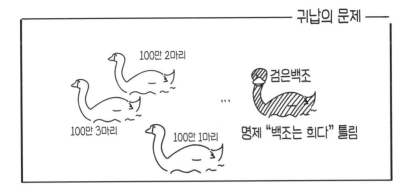

또한 검증 가능성이 과학과 비과학을 구분하는 기준이 될 수는 없다. 왜냐하면 모든 학문들이 자기 분야는 검증이 가능하다고 주장할 수 있기 때문이다.

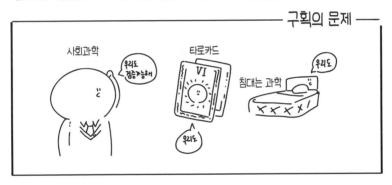

영국의 철학자 칼 포퍼는 검증 가능성이 아니라 반증 가능성을 강조했다. 반증이 가능하면 과학이론이 될 수 있고, 반증이 불가능한 것은 비과학이라고 한다. 이를 '반증주의'라고 한다.

칼 포퍼(Karl Popper, 1902~1994)

또한 포퍼는 귀납법의 한계를 지적하고, 가설-연역법을 과학적 방법론으로 제시했다.

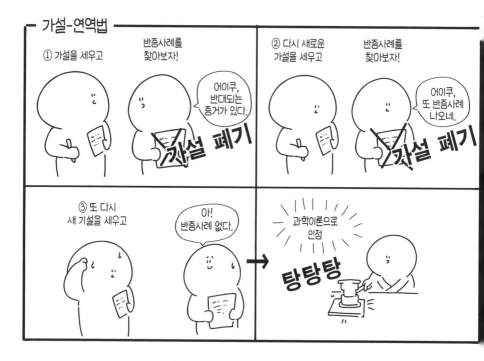

그런데 크게 보면 논리실증주의와 칼 포퍼의 반증주의는 같은 입장이라고 할 수 있다. 둘 다 관찰과 경험을 통한 과학적 방법론이 진리를 탐구하는 가장 좋은 방법론이고, 과학이 모든 학문의 왕자라고 생각하기 때문이다.

한마디 :

의심은 창의성의 기초 중 하나다.
당연하다는 걸 당연하게 받아들이지 말자.

과학, 믿을 수 있나?

미국의 과학철학자 핸슨은 재미있는 이력을 가졌다. 젊을 때 트럼펫 연주자 생활을 했고, 2차 세계대전 때는 군에 입대하여 비행기 조종사가 되었다가 나중에 예일대학 철학과 교수가 되었다.

바라 바~라 바라밥!

슈우우웅-

노우드 러셀 핸슨(Norwood Russel Hason, 1924~1967)

우리는 과학적 방법론을 객관적이라고 생각하지만, 핸슨은 과학적 방법론도 과학자들이 주관적으로 만들어낸 것일 뿐이라고 한다.

과학적 방법론이 객관적이라고?

관찰과 실험 과정에 과학자가 입증하고 싶어하는 이론이 개입되며, 그 결과도 왜곡될 수 있다. 이것을 '관찰의 이론 의존성'이라고 한다.

보고 싶은 것만 보이는…

과학자

17세기 사람들은 달이 완벽한 구 모양이고 흠집이 없다고 생각했다. 그런데 갈릴레오가 망원경으로 관측해보니 달에 분화구가 많았다. 하지만 사람들은 갈릴레오의 말을 믿지 않았고, 망원경으로 달을 보려고도 하지 않았다.

심지어 우리는 자기도 모르게 관측결과를 왜곡하는 경우도 있다. 운전자가 죽었다는 얘기를 들은 사람들은 영상 속 차량의 속도가 더 빨랐던 것으로 기억을 왜곡하기도 한다.

과장하면, 인간은 자기가 보고 싶은 것만 보며, 과학자들도 예외가 아니다. 핸슨은 관찰의 객관성, 결국 과학의 객관성에 의문을 제기한 것이다.

패러다임의 전환

미국의 과학철학자 토머스 쿤은 하버드대학에서 물리학 박사학위를 준비하던 20대 중반에 인문계 학생을 위한 과학사 강의를 맡게 되었다. 강의 준비를 위해 아리스토텔레스 원전을 읽다가 깜짝 놀랐다.

황당

이런 지식을 2000년 넘게 믿었다고?

사과가 땅으로 떨어지는 이유는 사과의 기본성분이 물과 흙이어서 고향인 땅으로 돌아가려고 하기 때문

왜?

토머스 쿤(Thomas Kuhn, 1922~1996)

사람들이 이걸 2000년 넘게 믿다니, 왜일까? 쿤은 아리스토텔레스 시대에는 그 시대만의 패러다임이 있었기 때문이라고 한다. 패러다임은 간단히 말해 한 시대의 과학자들이 자연현상을 바라보는 관점이라고 할 수 있다.

패러다임

라떼는 말이야…

한 시대 과학자들의 공통적인 관점

아리스토텔레스

고대 그리스의 아리스토텔레스보다 17세기 영국의 과학자 뉴턴의 설명이 더 합리적일까? 쿤은 어느 패러다임이 더 과학적이고 합리적인지 비교할 수 있는 공통의 잣대는 없다고 한다. 이것을 '공약 불가능성'이라고 한다.

내가 아리스토텔레스 님보다 더 합리적이지?

공통된 잣대는 없다.

공약 불가능성

중력

뉴턴

과학은 점진적으로 발전하는 것이 아니라, 기존 패러다임에서 새로운 패러다임으로 혁명적으로 바뀐다. 사람들이 천동설을 버리고 코페르니쿠스의 지동설을 받아들이는 과정도 혁명적인 전환이었다.

또한 과학자들이 뉴턴의 역학을 포기하고 아인슈타인의 상대성이론을 받아들이는 과정도 혁명적 전환이었다. 그래서 쿤은 이렇게 말한다. "과학혁명은 일종의 종교의 개종과 같다."

과학혁명의 과정을 보면, 기존 패러다임으로 설명이 안 되는 자연현상(변칙사례)이 발견되면, 처음엔 무시하거나 실험에 오류가 있었겠지 해버린다. 그러다가 어떤 천재가 나타나 새로운 패러다임을 내놓으면서 그 모순을 해결한다.

처음에는 새로운 패러다임이 기존 패러다임을 이길 수 없지만, 시간이 지나면 새로운 패러다임이 힘을 얻고 기존 패러다임은 완전히 폐기된다.

쿤이 과학혁명 이론을 발표하자, 과학자들은 과학의 합리성을 완전히 무시했다고 공격했다.

핸슨이나 쿤은 비슷하다. 핸슨은 과학자들의 관찰은 주관적이라고 하고, 쿤은 과학의 발전은 결국 정치적·사회적·심리적·주관적 요인에 영향을 받는다고 한다. 이들은 반과학주의적 과학철학자로 볼 수 있다.

이성이여, 안녕

파이어아벤트는 2차 세계대전에 참전했다가 척추 손상을 입어 한때 하반신 마비가 왔고 평생 지팡이를 짚고 살았는데, 민간요법으로 꽤 효과를 봤다고 한다.

2차 세계대전
참전 부상
한때 하반신 마비

파울 파이어아벤트
(Paul Feyeraben, 1924~1994)

그래서인지 서양의학뿐만 아니라 동양의 침술이나 인디언의 약초학 등에 관심이 많았다. 포퍼의 제자였지만 나중에 반과학주의로 돌아섰다.

아…,
어디 가니?

제 길
갈게요.

칼 포퍼

그러고 보면 인간은 어쩔 수 없이 자신의 경험을 통해서 세계를 볼 수밖에 없나 보다. 파이어아벤트는 자신의 메시지를 이렇게 간명하게 책 제목으로 남겼다. '이성이여, 안녕.'

이성이여
안녕

17세기 갈릴레오는 망원경으로 목성의 위성 4개를 발견하고, 우주의 중심이 지구가 아닐 수 있다고 생각하고 지동설을 주장했다.

사람들은 아리스토텔레스 이후 2000여 년 동안 천동설을 믿었다. 그래서 천동설이 틀렸다는 것을 입증할 만한 사례는 상대적으로 적었고, 지동설이 틀렸다는 것을 입증할 만한 사례는 상대적으로 많았다.

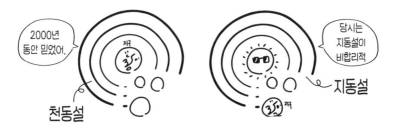

당시는 천동설이 합리적 이론이었고, 지동설이 비합리적 이론이었다. 하지만 결국 지동설이 승리했다. 새로 등장한 이론을 쉽게 비합리적이라는 이유로 배척해서는 안 되며, 그 이론이 탄탄해질 때까지 충분한 시간을 줘야 한다.

갈릴레오는 자신이 발견한 목성의 위성에 '메디치의 별'이라는 이름을 붙였고, 망원경을 메디치가에 헌납했다. 또 자신의 주장을 대중들이 읽을 수 있게 책으로 펴냈다. 요즘 식으로 말하면 일종의 여론전이다. 결국 지동설이 승리했다.

우리는 과학의 시대를 살고 있다. 과학적 방법론만이 진리를 탐구하는 가장 적절한 방법이며, 심지어 과학만이 진리를 논할 수 있다고 생각하는 사람들도 많다.

이성이여, 안녕.

파이어아벤트는 과학은 세계를 파악하는 한 가지 관점일 뿐이라고 한다. 세계를 알기 위해서는 과학을 연구할 수도 있고, 점성술이나 신화, 무속에 기댈 수도 있다고 한다. 과학이 '모든 학문의 왕'은 아니라는 것이다.

과학은 세계를 파악하는 한 가지 관점일 뿐.

Anything goes!

그런데 과학이나 신화나 점성술이 다 거기서 거기라는 주장은 무리가 있어 보인다. 하지만 우리 시대가 과학적 독단론에 빠져 있으며, 과학에 대한 맹목적 믿음을 경계해야 한다는 주장은 귀를 기울일 만하다.

근데 과학이나 신화나 점성술이 거기서 거기란 건 좀… 너무한 것 아냐?

∿ 과학주의/반과학주의 ∿

사회자

> 과학적 지식은 절대적인가, 상대적인가에 대해 이야기해 보죠. 먼저 포퍼 님은 논리실증주의자들과 친분이 있었던 걸로 알고 있는데요.

포퍼

오스트리아 비엔나대학의 논리실증주의자들과 친하게 지냈어요. 논리실증주의자들은 검증이 가능한 명제만을 받아들여야 한다는 검증주의를 주장했죠. 나도 처음에는 검증주의를 받아들였다가 나중에 생각이 바뀌었죠.

사회자

> 생각을 바꾸게 된 계기가 있습니까?

아, 아인슈타인요.

포퍼

1919년 오스트리아에서 아인슈타인의 상대성이론 강의를 들었는데요. 그때 아인슈타인이 이렇게 말했어요. 에딩턴이라는 물리학자가 개기일식 때 태양 근처의 사진을 찍기로 했는데, 그때 '태양 근처에 자신(아인슈타인)이 말한 그 별이 안 보인다'면 상대성이론은 틀린 것이라고 하더라고요.

사회자

> 그때 뭘 깨달았죠?

내 이론은 틀릴 수 있어.

아인슈타인

포퍼

아인슈타인은 '자신의 이론이 틀릴 수 있다'는 가능성을 열어놓았어요. 나는 그것이 진짜 과학일 수 있다고 생각했어요. 과학적 가설을 검증하는 게 중요한 것이 아니라, '그 가설이 틀릴 수 있는 것인지' 여부가 중요합니다. 그래서 나의 이론을 '반증주의'라고 합니다.

사회자

어쨌든 포퍼 님도 과학적 지식이 절대적 진리라는 입장인 거죠?

물론 그렇습니다. 검증주의든 반증주의든, 과학적 방법론이 진리를 추구하는 객관적 방법론이라고 봅니다.

포퍼

과학자들이 객관적인 것 같지만
사실은 그렇지 않아요.
핸슨

사회자

예를 들어 어떤 경우가 그렇죠?

예컨대 똑같은 자연현상을 보고도 진화론자들은 진화론의 증거라고 하고, 창조론자들은 창조론의 증거라고 하기도 해요.

핸슨

사회자

인간은 어차피 보고 싶은 것만 본다는 말인가요?

맞습니다. 과학자들도 마찬가지입니다.

핸슨

나도 동의!

과학자들은 자연현상도 하나의 패러다임에 끼워 맞추는 경향이 있습니다. 패러다임은 한 시대의 과학자들이 자연을 바라보는 관점인데요. 그러니 자연현상을 객관적으로 관찰할 수 없는 겁니다.

쿤

사회자
패러다임이 바뀌면 자연현상도 달라 보인다는 겁니까?

대체로 그렇습니다.
 쿤

 나도 그 점에 동의합니다.

과학적 방법론만이 진리를 추구하는 방법이 아니에요. 과학 맹신주의에 빠져서는 안 됩니다. 나는 2차 세계대전에 참전했다가 하반신이 마비됐죠. 온갖 치료를 받아도 효과가 없었어요. 그런데 한의사한테 침을 맞고 인디언 민간요법으로 약초를 달여 먹고 많이 나았어요. 지팡이를 짚고 걸을 수 있게 되었죠. 서양의학뿐만 아니라 대체의학에도 기회를 주어야 해요.
 파이어아벤트

 사회자
열린 마음을 가지게 되었다는 말이군요.

맞아요. 과학이든 점성술이든 신화든 뭐든, 다 세계를 바라보는 한 가지 방식일 뿐이에요. 꼭 과학만이 진리를 탐구하는 학문은 아닙니다.
 파이어아벤트

 이건 너무 불공평해요.

과학주의를 옹호하는 사람은 나만 부르고, 나머지 세 분은 과학주의에 반대하는 사람이잖아요.
 포퍼

 사회자
그 점에 대해서는 죄송합니다. 다음에 다른 자리에서 다시 모실 수 있었으면 좋겠네요.

'철학마을'에서 머물면서 지나왔던 길들을 한번씩 돌아보세요.

그리고 마음에 드는 나무들 가까이 가서 만져도 보고,

그늘 아래서 시간을 보내보세요.

「5분 뚝딱 철학」의 유튜브 영상으로

연결되는 QR 코드를 찍어 영상을 함께 볼 수도 있습니다.

그러면 처음에 바삐 지나가느라고

제대로 보지 못했던 나무의 가지와 잎사귀들이 보일 거예요.

모두들 즐거운 여행이 되길 바랍니다.

-저자의 말 중에서-

부록

「5분뚝딱철학」
유튜브 동영상
지도

Ontology_존재론

유튜브에서 〈5분 뚝딱 철학〉 동영상을 확인해보세요.

만물은 무엇인가?

최초의 환원주의

탈레스 : 만물은 물이다

최초의 세계 지도

아낙시만드로스 : 아페이론

그래도 지구는 평평하다

아낙시메네스 : 만물은 공기다

이게 왜 딱 안 떨어져요?

피타고라스 : 만물은 수이다

화산에 몸을 던진 철학자

엠페도클레스 : 4원소설

재미있게 철학합시다

데모크리토스 : 원자론

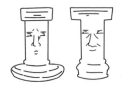

세계는 변화하는가?

판타 레이

헤라클레이토스 :
만물은 흐른다

방구석 철학자

파르메니데스 :
영원불변한 세계

제논의 역설과 멜리소스

변화와 운동은 가능한가?

테세우스의 배

변화와 동일성의 문제

이데아 순한 맛

아리스토텔레스 : 형이상학

신과 보편자는 존재하는가?

최초의 원인

토마스 아퀴나스 :
우주론적 신 존재 증명

인간은 존재하는가?

보편논쟁 1

마동석은 정말로 용감한가?

보편논쟁 2

물질과 정신 중 무엇이 진짜인가?

진짜 세계로 망명을 요청한다

데카르트 : 나는 생각한다,
고로 존재한다

존재하는 것은 지각되는 것이다

버클리 : 주관적 관념론

자연이 곧 신GOD이다

스피노자 : 범신론

세 얼굴의 철학자

라이프니츠 : 모나드는
창이 없다

복희 씨와 라이프니츠

복희씨 : 주역의 논리적 체계

마음이란 무엇인가?

심리철학 : 몸과 마음에 대한
8가지 철학적 고찰

헝클어진 위계질서

피히테 : 주관적 관념론

모든 소가 검게 보이는 밤

셸링 : 객관적 관념론

목숨을 건 인정투쟁

헤겔 : 정신현상학 1

돈키호테가 된 나폴레옹

헤겔 : 정신현상학 2

고독도 능력이다

쇼펜하우어 :
의지와 표상으로서의 세계

시간과 공간은 무엇인가?

우주에 손만 하나 남는다면

뉴턴과 라이프니츠 :
시간과 공간 이론

존재란 무엇인가?

우주는 왜 존재하는가?

스티븐 와인버그 : 인류원리

박쥐가 되어본다는 것

물리주의

미래를 선택할 수 있는가? 1

결정론과 자유의지 1 :
선택한다고 착각하는 건 아닐까

미래를 선택할 수 있는가? 2

결정론과 자유의지 2

스테이-헝그리, 스테이-풀리시

하이데거 :존재와 시간

나의 의식의 눈으로 본 세계

후설 : 초월론적 현상학

사기꾼이라고 의심받은 철학자

데리다 : 해체주의

막장 드라마는 이제 그만

들뢰즈 : 차이와 반복,
나무와 리좀, 사건의 존재

시간이란 무엇인가?

아인슈타인에게 딴지 건 철학자

베르그송 : 순수지속으로서의
시간

카이사르 암살사건은 과거인가?

맥타가트: 시간은 존재하지
않는다

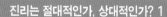

Epistemology _인식론

진리는 절대적인가, 상대적인가? 1

아무것도 존재하지 않는다

고르기아스 : 극단적 회의주의

판단은 내가 한다

프로타고라스 : 인간은 만물의
척도

노예소년의 기하학

소크라테스 : 산파술과 상기설

동굴 밖은 위험해

플라톤 : 동굴의 비유와
이데아의 세계

몰라

피론 : 고대 회의주의

진리란 무엇인가?

간단한 게 답이다

오컴의 윌리엄 : 오컴의 면도날

지식의 원천은 무엇인가?

지식의 원천은 무엇인가?

로크 : 타불라 라사

강박적 미니멀리스트

흄 : 자신까지 갖다버린
미니멀리스트

코페르니쿠스적 전환

칸트 : 순수이성비판 1

직관 없는 개념은 공허하다

칸트 : 순수이성비판 2

진리는 절대적인가, 상대적인가? 2

과거와 현재의 끊임없는 대화

E. H. 카 : 역사란 무엇인가?

내 이론은 틀릴 수 없어

포퍼 : 반증 가능성

과학, 너마저…

토머스 쿤 : 패러다임의 전환

원치 않는 결과는 거부한다

핸슨 : 관찰의 이론 의존성

과연 그게 당연할까?

푸코 : 말, 지식, 광기

3쪽 논문으로 스타가 된 철학자

게티어 : 지식이란 무엇인가?

쓸데없는 의심 한 병

퍼트남의 통속의 뇌 : 이 세계가
가상세계가 아닌 6가지 이유

내부 총질한 철학자

콰인 : 인식론적 전체론

당신의 신은 얼마?

실용주의

Logic_논리학

논리학이란 무엇인가?

600년 동안 부른 이상한 노래

아리스토텔레스 : 고전논리학

논리적 방법이란 무엇인가?

편견에서 벗어나기

베이컨 : 4개의 우상론

검은 백조

러셀과 흄 : 귀납의 한계

논리적 사고, 과학적 방법

연역과 귀납

논리적 방법론이란 무엇인가?

검지 않은 모든 것은 까마귀가
아니다

헴펠 : 까마귀의 역설

네가 김태희면 나는
장동건이다

조건문의 진리조건

난 너만 있으면 돼

필요충분조건

말이 안 되는 말은 말인가,
말이 아닌가?

논리적 오류

초랑과 파록에 대하여

새로운 귀납의 문제

제대로 말하는 법

형식적 오류

Philosophy of Science_과학철학

과학철학

결정론, 양자역학, 나비효과
라플라스 : 라플라스의 악마

결정론, 숙명론, 블록우주이론
결정론 : 미래는 이미 결정되어 있는가?

안드로메다 패러독스
아인슈타인 : 시간은 흐르지 않는다

상대성이론에 대한 철학적 해석
아인슈타인 : 상대성이론

마이너리티 리포트
아인슈타인 : 쌍둥이 역설이 진짜 역설이 아닌 4가지 이유

시간여행은 가능한가?
데이비드 루이스 : 시간여행의 정의

인공지능은 생각하는가?
존 설 : 중국어 방 논증

우연처럼 보이는 필연
칼 융 : 동시성 현상과 홀로그램 우주이론

죽음의 산부인과 병동
헴펠 : 과학적 설명이론

이성이여, 안녕
파이어아벤트 : 극단적 반과학주의

과학전쟁
앨런 소칼 : 지적 사기

상대성이론의 시간과 시계는 같은가?
존 벨 : 두 우주선 사고실험

테넷을 본 사람, 안 본 사람
테넷에 나타난 6가지 철학적 문제

반쯤 죽은 고양이

양자역학 : 고양이의 죽음을
둘러싼 100년 전쟁

Philosophy of Math_수리철학

수리철학

태양의 위성과 소녀시대의 멤버

프레게 : 수의 정의

야바위 철학

스티븐 셀빙 : 몬티홀 딜레마

그만 자고 일어나세요

잠자는 미녀의 문제

괴델적인 너무나 괴델적인

괴델 : 불완전성 정리

알파고의 창조주

튜링 머신 : 인공지능은 어떻게
생각하는가?

무한에서 신을 본 남자

칸토어 : 무한이란 무엇인가?

수학전쟁 삼파전

수학계의 2030 러셀과 괴델 :
수학의 기초론

Language and Structure_언어와 구조

언어란 무엇인가?

철학을 수학처럼, 수학을 철학처럼

프레게 : 뜻과 지시체

한국의 왕은 대머리다

러셀 : 기술이론

말할 수 없는 것에 대해서 침묵해야 한다

비트겐슈타인 : 논리철학 논고

사이코패스 게임

비트겐슈타인 : 그림이론

성철과 비트겐슈타인

깨달음에 관한 철학적 고찰

우리는 어떻게 말을 배웠나?

언어습득이론 : 스키너, 촘스키, 피아제

구조주의란 무엇인가?

구조주의의 시작

소쉬르 : 구조주의 언어이론

슬픈 열대

레비스트로스 : 구조주의 인류학

Ethics_윤리학

어떻게 살 것인가?

판단은 내가 한다

프로타고라스 :
인간은 만물의 척도

나는 적어도 내가 모른다는 것은 안다

소크라테스 : 무지의 지

개 같은 내 인생

디오게네스 : 본능에 충실하라

죽음아! 내게로 오라

스토아 사상

힐링 철학

에피쿠로스 : 쾌락주의

비겁과 만용 사이

아리스토텔레스 : 니코마코스 윤리학

그들의 이기심이 만들어낸 저녁식사

애덤 스미스 : 보이지 않는 손

누가 도덕적인가?

칸트 : 실천이성비판

천국으로 가는 길

파스칼 : 파스칼의 내기 논증

저 아저씨를 밀면 5명을 살립니다

공리주의

진리가 여자라면…

니체 : 신은 죽었다 1

내가 위버멘쉬라면…

니체 : 신은 죽었다 2

헤겔을 뒤집어버린 반항아

마르크스 : 변증법적 유물론

600만 명을 죽인 아저씨

한나 아렌트 : 악의 평범성

불어

존 내쉬 : 게임이론과 죄수의
딜레마

선택이 불안한 당신에게

사르트르 : 실존은 본질에
앞선다

멈추어 주세요

피터 싱어와 톰 레건 :
동물권 논쟁

행복의 세 얼굴

셀리그만 : 긍정심리학

공포와 전율

키르케고르 :
유신론적 실존주의

나는 왜 이 일을 하는가?

사이먼 사이넥 : 골든 서클

죽음을 기억하라

야스퍼스: 한계상황

Religious Philosophy _종교철학

철학과 종교를 어떻게 연결할 것인가?

마지막 고대 철학자

플로티노스 : 일자이론

철학과 종교는 어떻게 화해할 수 있는가?

고백할 게 있습니다

아우구스티누스 : 고백록

돌고 도는 물레방아 인생

보에티우스: 철학의 위안

이성은 신앙의 적인가?

아베로에스와 토마스 아퀴나스
: 신학과 철학의 문제

신은 존재하는가?

신을 위한 변론

변신론

시청주의

괴델 : 논리적 신 존재 증명

Psychology _심리학

인간이란 무엇인가?

내 안의 또 다른 나

프로이트 : 꿈의 해석

나는 누구인가?

칼 융 : 분석심리학

열등감, 문제는 그게 아니야

아들러 : 개인심리학

김 부장이 사는 법

안나 프로이트, 베일런트 :
방어기제

**나는 내가 생각하지
않는 곳에서 존재한다**

라캉 1 : 상상계, 상징계, 실재계

우리는 타자의 욕망을 욕망한다

라캉 2 : 욕망 그리고 무의식의
메커니즘

5명 중에 한 사람 꼭 있다

성격장애 : 편집성, 경계성,
강박성, 회피성, 의존성 성격장애

성격유형

칼 융 : 성격유형과 MBTI

우울증에 걸린 로봇

행동주의 심리학과 철학

알파고는 전기양을 꿈꾸는가?

인공지능과 인간의 생각

재미없는 모범답안

에릭슨 : 자아심리학

무의식으로 꿈을 이루는 방법

사이코 사이버네틱스 :
최초의 자기계발서

자아실현 꼭 해야 하나?

인본주의 심리학 : 자아실현

Political Philosophy _정치철학

이상국가란 무엇인가?

영혼의 삼중주

플라톤의 국가

가자! 저기로…

플라톤 : 이데아론

정치는 실전이다

플라톤 : 이상국가

조 화
악 선

정치를 어떻게 할 것인가?

사자의 용맹, 여우의 간계

마키아벨리 : 군주론

만인에 대한 만인의 투쟁

홉스 : 리바이어던

정의란 무엇인가?

Justice League

롤스, 노직, 왈저 :
정의란 무엇인가?

Aesthetics_미학

예술이란 무엇인가? 1

문제는 비율이야
플라톤 : 미의 대이론

형님, 그냥 발렌타인 17년으로 갑시다
플라톤, 아리스토텔레스

아름다움이란 무엇인가?

국화꽃을 사랑한 소쩍새
칸트 : 판단력 비판 1
아름다움에 대하여

불쾌하지만 좋은 감정
칸트 : 판단력 비판 2
숭고에 대하여

예술이란 무엇인가? 2

나는 마그리트가 아니다
미셸 푸코 : 이것은 파이프가 아니다

우리는 음악을 들으면 왜 감동하는가?
음악심리에 대한 철학적 고찰 1

왜 음악은 신나는가?
음악심리에 대한 철학적 고찰 2

이제 '철학마을'에서의 여행을 마칠 때가 된 것 같습니다.
우리는 철.학.툰과 함께 철학의 오솔길을 천천히 걸어보았습니다.
오솔길을 따라 서 있는 아름다운 나무들이 있었기에
우리의 여행은 행복했습니다.
무엇보다 제 책과 영상을 사랑해주신
독자 여러분들이 있어서 너무나 행복했습니다.
모두들 감사합니다.